财务预算管理与创新实践研究

■ 张南涛 著

吉林出版集团股份有限公司
全国百佳图书出版单位

图书在版编目（CIP）数据

财务预算管理与创新实践研究 / 张南涛著. —— 长春：吉林出版集团股份有限公司，2024.4

ISBN 978-7-5731-4785-1

Ⅰ.①财… Ⅱ.①张… Ⅲ.①企业管理－财务管理 Ⅳ.①F275

中国国家版本馆CIP数据核字(2024)第080484号

财务预算管理与创新实践研究
CAIWU YUSHUAN GUANLI YU CHUANGXIN SHIJIAN YANJIU

著　　者	张南涛
责任编辑	张西琳
助理编辑	米庆丰
开　　本	710mm×1000mm 1/16
印　　张	9
字　　数	190千字
版　　次	2024年4月第1版
印　　次	2024年4月第1次印刷
出　　版	吉林出版集团股份有限公司
发　　行	吉林音像出版社有限责任公司
	（吉林省长春市南关区福祉大路5788号）
电　　话	0431-81629667
印　　刷	吉林省信诚印刷有限公司

ISBN 978-7-5731-4785-1　　定　价　68.00元

如发现印装质量问题，影响阅读，请与出版社联系调换。

前言 PREFACE

随着经济不断发展,在国家大力提倡创新型发展的背景下,财务管理与会计工作也应当紧跟时代,与时俱进,不断推陈出新。然而,在传统财务管理和会计核算的工作中,还存在着一些问题,既无法满足企业在快速发展中的新需求,又会影响会计信息的质量,所以难免会制约企业的发展并给企业带来诸多负面影响。企业管理者应该充分思考,逐渐推进财务管理工作实现创新性、跨越式发展。财务管理工作对于企业发展十分重要,从某种程度而言,不仅影响和制约着企业各项经营活动,甚至决定着一家企业未来的发展和兴衰成败。由此可见,如何做好企业的财务管理和会计核算工作,如何对陈旧的财务管理和会计工作模式进行创新是企业每一位经营管理者必须着重思考的问题。此外,伴随着当今世界不断涌现的经济全球化浪潮,资本市场与跨国公司快速发展,着力推动企业财会工作的创新性发展、实现企业财务管理与会计核算的现代化和科学化已迫在眉睫。新形势下,更新财务管理的理念、方法和技术,制定一套规范性的国际会计准则,以此来协调企业财务会计实务,成为越来越多企业关注的焦点。所以,对于"企业财务管理与会计实践工作创新性发展"这一问题的研究具有十分重要的理论价值和现实意义。

本书内容框架完善,每一个章节都做了详细的阐述与分析,为财务预算管理与创新实践研究建构了可资借鉴的理论内容,为从事预算管理方面工作的从业人员提供了学习和参考的相关资料。

由于时间仓促,加之笔者能力有限,书中的不足之处在所难免,望广大读者批评指正。

2023 年 4 月

目录 CONTENTS

第一章	预算管理概述	1
第一节	预算管理的内涵	2
第二节	预算管理的理论基础	7
第三节	预算管理的特征	11
第四节	预算管理的功能	12
第五节	预算管理的运行环境	14

第二章	预算管理组织体制的设计	19
第一节	预算管理组织设计原则	20
第二节	预算管理机构	22
第三节	预算编制流程	26
第四节	预算管理组织与模式	31

第三章	预算管理在企业管理中的地位与作用	53
第一节	预算管理控制与战略管理控制	54
第二节	预算管理在企业管理控制系统中的地位	65
第三节	预算管理在企业管理控制系统中的作用	68
第四节	以预算管理为导向的管理控制体系在企业管理中的应用	71

第四章	营运资金管理创新	75
第一节	营运资金管理概述	76
第二节	营运资金管理的现状	87
第三节	基于渠道管理的营运资金管理创新	91

第四节	营运资金管理创新的路径	96

第五章 筹资管理的创新 ... 99

第一节	筹资管理概述	100
第二节	筹资管理的现状及存在的问题	107
第三节	筹资管理的创新策略	113

第六章 投资管理的创新 ... 117

第一节	投资管理的概念及要素	118
第二节	投资管理的现状分析	121
第三节	风险投资管理的创新分析	124
第四节	投资管理的创新路径	128

参考文献 ... 133

第一章
预算管理概述

第一节　预算管理的内涵
第二节　预算管理的理论基础
第三节　预算管理的特征
第四节　预算管理的功能
第五节　预算管理的运行环境

第一节　预算管理的内涵

一、预算管理的含义

预算管理也被称为预算控制。预算管理最初只包括计划、协调生产发展等简单功能，而现今它已成为一种能综合贯彻企业经营战略方针，并具有控制、激励、评价等多种功能的预算机制，因此，也被称为全面预算。

全面预算管理起源于20世纪初。随着社会生产力的不断发展、社会生产组织形式的多样化和日益激烈的市场竞争，为了加强企业的内部管理和控制，提高自身市场竞争能力和抵御风险能力，实现企业经营战略目标，全面预算管理制度应运而生。该制度作为一种内部会计制度，经过几十年的发展和演变，已发展成为一种现代企业管理模式，成为大型现代工商企业的标准作业程序，处于企业内部控制系统的核心位置。

全面预算管理制度是在狭义财务预算和广义财务预算的基础上形成的。狭义财务预算是指企业在预算期内反映有关货币资金收支和财务状况的预算，主要包括货币资金收支预算、预计资产负债表、预计现金流量表等。由于企业财务是企业经营过程中各个方面资金变动的综合反映，因此，财务预算还应包括销售预算、生产预算、产品成本预算、直接材料预算、直接人工预算、制造费用预算、销售费用预算、管理费用及财务费用预算，这也是所谓的广义财务预算。无论是狭义财务预算，还是广义财务预算，这些预算都对企业的某一个部门或生产经营过程中的某一个环节来说都是独立、具体的，但对企业财务管理的整体目标来说则是相互关联的，它们构成了一个企业理财的有机整体。这种以货币形式体现，反映企业财务目标，控制企业财务活动，保障企业财务目标顺利实现的各种具体预算的有机整体，则称为全面预算管理。由此可见，全面预算管理是按照企业制定的发展战略目标，层层分解，下达于企业内部的各个经济单位，以一系列的预算、控制、协调、考核为内容，建立的一套完整的、科学的数据处理系统，自始至终地将各个经济单位的经营目标与企业的发展战略目标联系起来，对其分工负责的经营活动全过程进行控制和管理，并对实现的业绩进行考核与评价的内部控制管理系统。

全面预算管理是指按照"目标倒逼、责任到位、环环控制、偏差管理"的思路，对生产经营中的各种资源消耗和费用开支，按照预定的目标进行控制，并对脱离目标的不利差异及时采取纠正措施，使整个企业的生产活动处于受控状态，保证预期的目标得以实现。

二、对预算管理内涵的把握

(一) 预算不等于预测

预测是对未来不可知因素、变量及结果不确定性的主观判断，当然，这种判断应是建立在科学基础上进行的主观分析。预测是基础，而预算则是根据预测结果提出的对策性方案。由于预测具有风险性，且其风险大小取决于预测的基础（如环境或变量因素）和方法是否科学有效，因此，不可知因素越少，方法越恰当科学，其风险性也就越小；反之，不可知因素越多，或者相对方法不科学，其风险性也就越大。预测的风险性大小决定预算水平及预算质量的高低。应该说，预算是针对预测结果而采用的一种预先的风险补救及防御系统，预测结果越确定，预算的过程越简单，准确性也就越高；预测结果越不确定，预算的过程越复杂，预算的方法选择也就越多样化，准确性也就越低。

用一个形象的比喻来讲，预测好比是天气预报，天气预报的准确性有赖于先进的技术、信息资料以及科学的预测方法。天气预报说"明天有雨"是一种预测结果，但这一结果具有风险性，因为"明天是否真的下雨"现在还不得而知，这种不得而知的状态也许只有借助概率来判断，如预报明天下雨的概率是70%，言下之意是不下雨的可能性为30%。明天即将外出上班的人，得知天气预报"明天将下雨"的第一反应就是，明天上班最好带伞或者改乘公共汽车，否则将会面临淋雨的风险。而上班族在盘算或决定明天如何外出上班时，所做的任何计划方案（如带伞、改坐公共汽车或打车等）都是基于预测的结果，也是基于对未来不确定的一种风险防范行为。

上述例子就很好地说明了预算与预测的关系，而为什么要有预测，则完全取决于经济事件的不确定和风险。基于上述认识，我们可以得出以下结论：①预测是预算的前提，没有预测就没有预算，未来经济事项的后果越不确定就越需要使用预算方法。②预测缘于风险，而企业所面临的风险主要来自市场风险，包括经营风险和财务风险等，通过预测并进行有效预算则是防范风险的一项非常重要的措施。因此，市场经济越发达，市场风险越高，也就越离不开预算和预算管理。可以说，风险无处不在、无时不有，因此，预算及其管理也应无处不在、无时不有。

（二）预算不等于财务计划

预算从其本质上看属于计划的范畴，但不等于财务计划，具体原因可以从如下几方面入手：①从内容看，预算是企业全方位的计划，它不仅仅包括财务计划、全面预算概念的提出，还贯穿于整个企业生产经营活动的始终，它集生产预算、销售预算、财务预算等各种预算于一身，而销售预算是生产预算的前提和基础，没有销售预算就没有生产预算（包括采购预算、成本费用预算等），进而也就不可能产生财务预算（包括预计资产负债表、预计损益表和预计现金流量表等）。可见，财务计划只是企业预算的一部分，而不是全部。②从预算形式看，预算可以是货币式的，也可以是实物式的，而财务计划则是以价值形态所表现的计划，不含非货币形态。③从预算组织及执行过程控制看，预算是由企业不同科层、组织的当事人或参与人共同组织执行的，它是一个综合性较强的管理系统，具有极强的内部协调功能，而且执行、反馈和考评过程等都是在不同组织和不同科层体制下进行的，在日常管理中代表着管理事务的大部分或全部；而财务计划主要是由企业财务部门组织编制并执行控制的，财务部门在其中起决定性作用，财务计划的编制、执行及日常控制、事后考评均是财务部门日常管理事务的大部分或全部。可见，两者的范围是不同的。

从上述分析可以得出以下结论：①预算是企业预算，而不是财务预算，因此，预算管理是企业整体管理的重要组成部分，而不是企业财务管理的重要组成部分；②预算管理及其预算组织是一项庞大的系统工程，企业内部各要素（包括人、财、物、信息等）都置于这一组织系统之内，要保证预算管理的正常运转，预算及其管理必须由企业内部最具权威性的管理部门或经营者来亲自推动，离开权威性，离开最高行政管理组织和人员的介入与推进，预算及其管理就不可能达到理想效果，即使预算编制再好，由于缺乏具有权威性的组织来协调，其执行情况也不会太好。

（三）预算管理是一种管理机制

作为一种管理机制，预算管理一方面与市场机制（风险机制）相对接，另方面与企业内部管理组织及其运行机制相对接。前者是指预算管理以市场为起点，一切围绕市场做文章，割裂市场与企业内部管理的关系，企业管理就不可能成功。市场代表着效益，没有市场就没有效益，忽视市场就等于忽视效益，企业也就无效益可言。由此可见，作为一种机制，市场是预算管理的出发点，也是判断预算管理是否成功的试金石，"预算管理出效益"就是从这一层面衍生出来的。另外，预算管理又必须与企业内部管理组织及其运行机制相对接。预算管理是一个系统，系统的组织由预算编制、预算执行、预算控制与预算考评等构成，不同的组织程序，预算管理结果是不同的。从管理原则来看，这一组织结构体系应当满足两个基本原则：一是各组织权责利对等原则；二是不同组织在权限上立足于决策权、执行权、监督权三权分立的原则，以保证权力的制衡并保证系统的有序运转。在实际工作中，预算编制不论采用自上而下或是自下而上的体制，其决策权都应落在内部管理的最高层——经营者手中，由这一权威组织进行决策、指挥与协调；预算的执行层由各预算单位（如分车间、分店、事业部等）负责组织实施，辅之以对等的责、权、利关系；监督权则由更为独立的内部监督机构（如审计部门、预算管理仲裁委员会或监事会）负责，从而形成独立的权力制衡系统，这种制衡本质上就是运行机制。正是从这一角度，我们认为，预算管理不应单独是企业内部管理的一种方法，而是内部管理的一种新机制，一种围绕市场展开内部管理计划的全新机制，不同于计划管理，是一种自平衡系统的管理机制。

三、预算观及其种类

预算观是指企业管理部门在进行预算管理和创新时应遵循的逻辑思维方式和基本观念。通常，预算观可以分为任务导向的预算观和结果导向的预算观。

（一）任务导向的预算观

任务导向的预算观是许多企业在预算管理实践过程中所采用的基本观念，它是从企业的日常经营管理工作出发，在此基础上做出资源分配决策，并评价相应责任中心的工作业绩。

1. 任务导向预算观的特点

任务导向预算观关注的重点是预算体系应支持的工作或任务。它从企业预算期应完成的目标出发,将以预算指标的形式细化分解为各个下属责任中心的工作目标。从这一意义上讲,任务导向的预算体系以企业管理部门设定的企业目标为起点,在此基础上形成整个企业的预算目标,并自上而下地将其层层分解为各基层责任中心的工作任务和预算目标。总的来说,它更多体现的是行政命令式的、自上而下的目标下达过程。

2. 任务导向预算管理的一般步骤

一般来说,任务导向的预算管理应该遵照一定的流程,具体如下:①了解市场状况,并以企业设想的目标来设立预算期企业经营的总目标和战略规划。②围绕企业经营目标和战略规划确定企业整体的预算目标。③确定各基层部门的任务目标和预算目标并加以综合平衡。④对预算的完成情况进行阶段性的检查评估,评估的主要依据就是工作任务的完成情况。⑤如果阶段性评估工作比较令人满意,则按原定目标继续执行预算;如果阶段性评估结果不尽如人意,则应针对各基层部门的工作任务目标对预算进行调整,以确保任务目标和企业的整体预算目标得以实现。

(二)结果导向的预算观

结果导向的预算观是企业价值创造的根据,即从顾客需求的满足和顾客价值的创造出发,设定各责任中心的绩效指标,并在此基础上确定其预算目标,经企业综合平衡后即可下达执行。

1. 结果导向预算观的特点

结果导向预算观关注的重点是企业最终价值的创造,它要求企业各级责任部门树立顾客价值导向的理念,在其预算目标设定和执行过程中始终以顾客价值的创造为导向。从这一意义上讲,结果导向的预算观可以有效地避免仅仅关注企业的内部运作和工作目标而给各部门工作带来的不协调后果,它将顾客价值创造的理念以预算的形式纳入组织运作过程中。一般来说,结果导向的预算观比较能接纳来自价值创造基层部门的意见,参与式预算和上下结合的预算制定方式较能支持此种预算观的落实。

2. 结果导向的预算管理的一般步骤

一般来说,结果导向的预算管理应大体遵照以下流程:①从顾客的角度出发确定顾客价值创造的重点。②分析各责任中心有可能影响顾客价值创造的各类因素,并确定其预算期内的工作重点和改进目标。③制定具体的任务业绩目标，并提出支持顾客价值创造和部门任务业绩的预算草案。④企业最高管理当局综合平衡各部门的预算草案，以顾客价值创造为标准对之进行综合平衡并下达执行。⑤对预算执行过程和结果进行定期评估，并酌情适时进行调整。

第二节　预算管理的理论基础

一、代理理论基础

在经济活动中，代理关系是一种普遍存在、影响广泛的经济现象。经济学家普拉特和茨考塞曾对代理关系的定义做了如下论述："只要一个人对另一个人的行为有所依赖时，代理关系就产生了，采取行动的人称为代理人，受影响的就是委托人。"[1]通常来说，医生是代理人，病人是委托人；咨询员是代理人，顾客是委托人；公司经理是委托人，他的下属是代理人，反之，公司经理又是股东的代理人，一般合伙人与有限合伙人之间也是委托代理关系。

现在公司的主要形式是股份公司制，股份公司制的重要特征就是出资者所有权与企业经营控制权的分离。在现代公司制度中，控制权主体必然代理所有权主体对公司进行全面的经营管理，由此股东成了委托人，而公司经营者成了代理人，从而形成委托代理关系。在这个委托代理关系中，由于委托人与代理人具有各自不同的利益，当代理人追求自身利益时，就有可能造成对委托人利益的损害，这就是所谓的代理问题的产生。正因为如此，就有必要建立一种约束机制，用以约束或激励代理人的行为，使之有利于委托人的利益。要能约束代理人，使其行为有利于委托人，就必须了解代理人的信息与控制代理人的行为。由于委托人利益的影响变量并不全在其控制之下，还应依赖于代理人所采取的行动及所拥有的信息。为了维护委托人的利益，而试图诱导代理人信息或改变代理人行为的机制，就是激励机制。通过建立影响代理人行为的激励机制，从而使委托人能够获得最大的利益。

在委托代理关系中，委托人处于主导地位，正是根据委托人的需要才产生代

---

① 张松. 全面预算和管理在企业财务管理中的应用研究[J]. 大众投资指南，2023(23)：143-145.

理关系，委托人处在设计监督与激励机制的地位。此外，代理成本的节约在于有效激励机制的建立，要使代理成本最小化，就必须建立起行之有效的激励机制，实现委托人与代理人的激励相容性，而激励机制的确立也就是对各经济主体的权责利关系的明确。

许多公司与下属企业是总分公司管理体制，在总分公司体制下，总公司管理层与分公司管理层之间也是一种代理关系，如何处理好这种代理关系，激励分公司围绕总公司战略目标全力以赴地从事生产经营活动，如何对分公司绩效进行考核和评价？全面预算管理是沟通公司管理层与作业层的一个桥梁，可以将公司管理层的战略意图有效地传递给作业层。公司的预算目标也提供了绩效考核评价的依据，为公司激励机制的建立奠定了坚实的基础。

二、内部控制理论

内部控制是企业制定的旨在保护资产，保证会计资料的可靠性和准确性，提高经营效率，推动管理部门所设定的各项规划得以贯彻执行的组织计划和相互配套的各种方法及措施。它的目标是确保单位经营活动的效率性和效果性、资产的安全性、经济信息和财务报告的可靠性。其主要作用有三点：①有助于管理层实现经营方针和目标。②保护企业各项资产的安全和完整，防止资产流失。③保证业务经营信息和财务会计资料的真实性和完整性。内部控制整体架构主要由控制环境、风险评估、控制活动、信息与沟通、监督五项要素构成。

（一）控制环境

控制环境是指对建立或实施的某项政策发生影响的各种因素，主要反映企业管理者和其他人员对控制的态度、认识和行动，具体包括管理者的思想和经营作风、组织结构、管理者的职能以及责任分配与授权。在现代预算管理中，管理者的思想和经营作风体现为适应新经济发展的经营理念；组织结构应是企业提供预算编制、执行、控制和监督职能的整体框架；责任分配与授权应指预算组织内部及关键岗位人员的职责与权限。

（二）风险评估

风险评估就是分析和辨认实现所定目标和计划的过程中可能发生的不利事件和情况，包括风险识别、风险分析、风险评对、风险应对。其在预算管理中表现为企业运营目标的确定、运营环境的内外部变化和变化后应采取的措施。

(三) 控制活动

控制活动是确保管理阶层的指令得以执行的政策及程序。其在预算管理中表现为编制、审核、批准、执行、调整的管理流程活动。

(四) 信息与沟通

信息包括企业内部信息和外部信息。信息由企业的销售交易、采购、内部营业活动和生产过程以及市场、顾客的消费、竞争者、利益相关者等资料构成。其在预算管理中表现为公司的经营、投资、成本开支、市场变动、竞争者成长等资料。沟通是企业提供有效信息给适当的人员的过程。在预算管理中表现为企业经营相关职能部门之间、上下级组织之间、企业与企业利益相关者之间的信息传递。

(五) 监督

监督是由适当的人员对评估控制的设计和运作情况进行监控的过程。其在预算管理中表现为预算执行的控制和评价体系。企业的内部控制是企业运营的重要组成部分，企业内部控制是否科学也是衡量现代企业管理的重要标志。预算管理作为企业内部控制的重要组成部分，在企业运营中的作用十分重要。

三、激励理论

激励理论是对人的不同需求被满足和激发过程的总结。激励的动机是激发人的热情和创造力，以最大限度地调动他们的能动性并取得最佳效果。激励理论用于解决四个关系(需求、目标、动机和行为的重要理论)，强调"以人为本"。企业要了解员工的需要，把这种需要和组织的目标结合起来，使员工可以自觉产生一种驱动，驱动他们不断地努力完成工作来满足自己的需要，同时达成一定的工作绩效来完成组织的工作目标。

预算管理需要通过了解员工的需求，将员工的需求与企业的预算管理目标联系在一起。企业采用物质奖励(如提高工资待遇、发放奖金)和精神奖励(如授予荣誉、颁发奖状)等激励手段，激发员工的积极性，有助于提高企业的管理效率，实现预算管理目标，也有助于提高员工对预算管理工作的参与度和认识水平。所以，建立借助预算管理的奖惩激励机制有助于提高预算管理的效率，促进其目标的达成。

四、资源约束理论

资源约束理论最早是由国外学者于 20 世纪 80 年代提出来的管理理论，探讨了资源在相对有限的情况下如何对其优化利用实现利润最大化。据相关资料的研究结果表明，企业的收益会受到资源的限制性约束，在企业生产和管理系统中，由于构成系统的各个环节紧密相连，常常因为某个环节资源的安排不恰当而拖累其他环节，影响企业的业绩。因此，建立限制性的资源管理理论，研究如何改善资源束缚以提升企业整体业绩是核心话题。

利用预算管理系统可以实现对企业资源的合理配置，能有效组织和协调企业的各项生产经营活动，实现预算目标。根据企业的发展战略对资源进行整合和统筹，将过剩和闲置的资源合理分配给资源受限的环节，才能真实地反映企业的实际需要。预算中资源分配的管理思想有助于提升企业利润，控制各项开支，以实现企业长远的战略目标。

五、行为管理理论

行为管理理论是 20 世纪 30 年代提出的，它是研究人类行为科学的综合性学科，涉及心理学、社会学、经济学、精神病学和管理理论的方法，如今已经成为管理学领域的重要流派之一。行为管理理论强调的是管理部门应该更加重视员工自身行为效率的影响因素，尤其强调企业管理中人的因素的重要性，重视工作环境对员工工作效率的影响，并采取一定的激励措施激发员工的行为，促进企业的管理朝着科学和自律的目标前进。

人作为企业管理活动中最主要的主体，任何生产经营活动都离不开人的参与，员工对企业文化的认同程度、工作情绪、对于企业的归属感及工作氛围都影响着企业管理的成败。全面预算管理系统的编制执行同样离不开人的配合，如果执行者对预算工作消极对待，甚至认为预算可有可无，那么可以想象到这家企业的最终结局不会乐观。因此，企业实行全面预算管理系统的活动就是要激发员工的积极性，各部门协调配合，做到全员参与，通过预算来引导员工的行为朝着合理的方向发展，保证预算实施的结果能够与企业最终的发展战略目标相匹配。

第三节 预算管理的特征

一、预算管理是一种全方位渗透的管理，内涵深、范围广

预算管理是围绕财务预算而展开的一系列管理活动，它不仅是财务管理的一个重要手段，还是其一项重要内容。从管理内容来看，预算管理不仅包括现金流量预算管理、财务状况预算管理、经营成果预算管理，还包括营业活动预算管理、投资活动预算管理和筹资活动预算管理，其管理内容全方位地涉及到企业生产经营管理的每个过程、每个环节，具有内涵深、范围广的特点。现代企业的生产经营管理不仅需要关注日常营业活动的发生过程及其结果，还需要关注投资活动和筹资活动的发生过程及其结果。只有在对营业活动及其结果进行预算管理的基础上，把预算管理的内容延伸到投资活动和筹资活动及其所产生的结果，才能将企业资源的有效配置与相关的生产经营管理活动有机地结合起来，保证企业财务预算管理目标的顺利实现。

二、预算管理是一种全员参与的管理，层次多、链条长

预算管理的内容涵盖了营业活动、投资活动、筹资活动的各个方面，因此，预算管理并不是有了高层管理者的组织和推动，或者有了财务管理人员的参与就能做好，它需要企业全体员工的共同参与，是一种全员参与的管理。财务预算只不过是一个管理的载体，预算机制的良好运行需要企业全员参与和支持，特别是中层与基层管理者对预算管理的参与和支持尤为重要。这就要求企业管理者在实施预算管理之前要对全体员工进行必要的预算管理教育，使他们能认识到预算管理的重要性，都能掌握预算管理的一些必备知识，激励员工主动地参与和支持预算管理机制的运行，为预算管理创造一个良好的精神环境或文化环境。当然，由于企业内部的组织分工不同，不同管理层的员工在预算管理过程中所担当的角色和所起的作用也是不同的。此外，企业组织结构的多层性和链状结构还决定了预算管理的多层性、链条性，特别是在大型企业或集团公司，预算管理层次多、链条长的特点表现得尤为明显。

三、预算管理是一种全过程监控的管理，过程长、监控难

从管理过程来看，预算管理包括预算的编制、执行、调整、监控、考评、奖惩等环节。其中，预算监控并不仅仅是对预算执行环节的监控，还包括对预算编制环节、预算调整环节、预算考评环节和预算奖惩环节的监控，即对整个预算管理过程的全程监控，其监控的环节多、过程长，监控的主体和客体都比较复杂，监控起来难度大。如果单独对预算编制环节进行监控，就会使其他管理环节由于失控而问题百出，最终影响预算的管理成效。对预算编制环节的监控，主要是为了保证预算编制的准确性；对预算执行环节的监控，主要是为了保证预算执行到位；对预算调整环节的监控，主要是为了保证预算调整合理；对预算考评环节的监控，主要是为了保证预算考评客观公正；对预算奖惩环节的监控，主要是为了保证预算奖惩合理得当。

四、预算管理是一种全量化实施的管理，指标烦琐、利益敏感、关系复杂

预算可以用价值形式表示，也可以用实物等多种数量形式表示，它侧重于数量，注重的是数学逻辑，是一种全量化实施的管理，这种量化既包括目标的量化，也包括权、责、利的量化。预算主要用数量形式来反映企业未来某一特定时期的有关生产经营活动、现金收支、资金需求、成本控制和财务状况等各方面的详细计划。预算管理是依据企业编制的、以数量形式为主的定量描述，全方位地加强对企业生产经营活动的控制，使之有序运行。预算过程中涉及的指标烦琐，既有财务指标，也有非财务指标，这就要求预算管理人员在工作中要做到耐心、细致。

第四节 预算管理的功能

一、预算控制对计划功能的影响

控制是管理过程中不可或缺的一部分，"好"的控制可使一个获得相关信息的员工能够理性地预期，不会出现不合意的结果。控制能够保证各项活动达到预期

效果。控制就是监督各项活动并纠正各种重要偏差的过程，以保证工作按计划进行。控制的原则是反映计划的要求，计划的实施需要控制活动给予保证。引申到预算管理过程中就是如果加强预算控制，就能较好地控制并纠正预算偏差，确保各种活动按照计划进行，有利于计划功能的发挥，使预算管理达到预期的效果。预算控制作为国内外许多企业管理控制的主要模式之一，在企业的管理控制活动中得到广泛的应用。20世纪60年代，国外学者指出，管理控制是管理者确保资源的获得与使用有效果和有效率，以实现组织目标的过程。预算控制能够提升资源使用效率，加快计划的完成，以达到组织目标。预算控制是预算流程的重要环节。大量实践证明，预算流程完备性和功能有效性是企业全面预算管理系统运行效率和效果的直接影响因素。这意味着，预算控制对整个预算管理系统运行的效率和效果发挥了重要作用，进而提升了整个预算管理工作的效率和效果，最终帮助企业实现计划目标。

二、资源配置对计划功能的影响

预算管理体系首先是一个资源配置体系，预算本身的含义是对未来进行规划。而这种规划表现为对企业可利用资源的分配。这是因为，无论采取何种方式进行企业的未来规划，最终都可以归结为企业未来预期目标的设立和实现，而各种表现形式的目标实现都以资源的投入为前提。资源的投入是企业运转的前提，企业需要以有限的资源投入取得最大化的收益回报。因此，有效的资源配置是成功规划企业未来的第一步。资源配置的实质是一种决策，而决策是为实现某一目标，从若干可以相互替代的可行方案中选择一个合理方案并采取行动的分析判断过程。因此，可以认为资源配置有利于企业制订更加科学、合理的计划，促使计划功能发挥。有效的资源配置会提升资源投入的效率，而有限资源的约束决定了预算必须以最佳配置才能平衡目标的约束。综上所述，有效地配置资源有利于企业规划未来，提高经营决策的科学性和合理性，对预算执行的现实指导意义更强，对计划的制订和完成具有保驾护航的作用。

三、预算沟通对计划功能的影响

预算管理是内部控制的重要工具，建立良好的内部控制系统需要加强沟通。实践中，预算在信息沟通尤其是在职员之间的信息交流上扮演着重要角色，信息沟通在预算过程中的作用也不容忽略。如果企业有良好的信息沟通，员工就更有可能得到有效的信息反馈，这将使预算目标的完成变得更加有效率。预算管理体系是一个信息沟通系统。无论是预算的形成还是预算的实施都需要企业各个部门共同来完成，因此，预算管理体系应当保证部门间信息沟通的有效性，如可靠的信息预测、真实的预算执行状况、企业内外环境因素的变化等都需要以快捷而不失真的方式在企业各部门之间传递。在企业预算初期，上下级之间可能会出现博弈的情况，此时加强信息沟通会使得上下级之间的目标一致，促使预算管理取得好的效果。由于预算管理是一种委托代理关系，博弈的双方——企业管理层与预算管理部门、预算管理部门与业务部门，均可能存在信息不对称，因此，若要消除信息不对称以促进计划目标的合理制定和实现，则必须进行充分而有效的信息沟通。

四、预算协调对计划功能的影响

协调是指将资源按照规则和配比进行安排的过程，也是专业化分工条件下各自的工作行为成果有序统一的活动。生产的专业化及劳动分工要求企业内各部门间恰当合作以及协调雇员之间工作任务的需要。没有协调就不会有合力，由分工产生的不确定性也就无法消除。构成综合预算或总预算的各分项预算必须相互配合协调，只有这样，才可能实现总的预算目标和计划。例如，要想顺利完成生产的目标，原材料的采购预算必须满足生产预算的要求。同样，生产预算必须与销售预算的要求相衔接，才能满足客户的需求。因此，这种"产、供、销协调"会促使企业各个部门及其人员配合起来，共同完成预算计划。

第五节 预算管理的运行环境

虽然很多企业已经意识到预算在企业经营管理中的重要作用，也尝试在企业内实施预算管理，但是成功的企业并不多，普遍存在工作难以推进的现象，以轰轰烈烈开场，不了了之结束。预算实施失败的根本原因是缺乏强有力的运行环境保障体系。运行环境是指影响、制约企业预算管理体系建立与执行的各种内部因素的总称，主要包括意识形态、绩效考核、战略目标、组织架构、核算体系、定额管理、信息系统、制度建设。运行环境是预算管理实施的基础，它支配着企业全体员工的预算管理意识，影响着全体员工实施预算管理和履行预算责任的态度、认识和行为。因此，有效的运行环境是全面预算顺利实施的先决条件，在实施全面预算前，应先建设好预算管理的运行环境。

一、从意识形态层面入手，树立全员预算意识

企业的所有部门、所有员工均须树立预算理念，建立成本效益意识，做到高层重视、部门协同和全员参与。首先，公司高层管理者及各部门负责人必须起带头作用，使员工真正认识到预算管理对企业的重要性，才能带领公司全体员工顺利开展预算管理工作。其次，全面预算的具体执行者是公司各个部门及全体员工，对于预算编制的水平，如何完成预算目标，他们起着决定性作用。所以，全体员工必须积极参与到预算的编制、执行和控制中来，同时对预算执行中存在的问题提出解决措施。最后，公司的财务部门应发挥协调作用，充分发挥专业优势，在公司范围内向全公司员工宣传预算管理理念，帮助公司高层和员工更好地了解预算、接纳预算。通过培训教育，帮助员工掌握预算相关的知识和技能，从而降低预算工作的开展难度。

二、实行预算考核，将预算执行情况与个人收益挂钩

要树立公司全体员工的预算意识，提高对预算的重视程度，除了加强个人思想教育外，还需要通过预算考核来推动，它是企业预算管理中非常重要的一个环节。预算目标确定后，企业应定期关注并分析预算目标的完成情况，根据预算的完成情况对各部门和人员进行绩效考核。通过对比预算执行情况与预算目标，发现存在的差异并查明产生差异的原因，据此来评价各单位的预算完成情况，对超额完成的单位进行奖励，对未完成预算目标的单位进行惩罚。通过绩效考核，实现了员工个人收益与预算执行情况挂钩，将个人利益与公司利益紧密联系在一起，促进企业实现价值最大化。只有内力和外力双管齐下，才能使公司全员重视预算，只有重视预算，才能将预算工作落到实处，从而完成预算目标。若没有强有力的预算考评体系，预算管理工作则将流于形式。

三、制定战略规划，为预算管理提供方向和目标

全面预算是实现战略目标的具体行动方案，全面预算不能偏离战略规划。战略的三个职能分别是定目标、定方向、定模式。战略目标的制定是预算的起点，没有战略目标，就没有预算目标，而如果没有预算目标，预算的编制就没有了方

向。首先，由董事会或者下设的战略管理委员会制定战略目标，由以总经理为首的经营班子来承接战略目标。其次，经营班子根据战略目标对业务活动进行具体描述和详细计划，形成经营计划和目标。最后，通过将战略目标和经营计划具体化和数量化，从而形成预算目标，制订预算管理方案。预算目标制定后，企业应把预算目标逐层细化分解至最小单位，并由明确的责任人来承接，作为其具体的工作目标和行动计划。同时，根据所建立的绩效考核制度，将责任人的预算目标完成情况纳入绩效考核的范围，进一步促使责任人为预算目标而努力，促进战略目标落实。

四、建立健全组织体系，为预算管理提供组织保障

战略目标、经营计划和预算目标确定后，下一步工作就是付出行动来实现战略目标。为了实现战略目标，需要一个完善的组织机构予以支持。企业应加强对全面预算工作的管理，明确各单位的职责权限、授权批准程序，建立工作协调机制，形成预算管理的组织体系。

企业可以根据所在行业的特点、公司规模等因素，选择预算管理组织体系的具体设置方式。一般情况下，组织结构包括预算管理的决策机构、工作机构和执行机构。其中，决策机构是最高权力机构，负责对预算管理的重大事项做出决定，由股东大会、董事会、预算管理委员会和经理层组成。预算管理委员会的主任一般由董事长或总经理担任，成员包括公司副总经理及各部门经理。工作机构是预算管理的日常机构，为预算管理委员会下设的办公室，具体负责预算的日常管理工作，包括组织开展编制、审核、控制、调整、分析和考评。预算执行机构包括企业内部各职能部门，它在预算管理委员会及其下设的办公室指导下，组织开展本部门全面预算的编制、执行、控制、分析及绩效考核工作。

五、将预算管理与财务核算相结合，统一规则并形成体系

预算管理和会计核算紧密联系，公司的会计核算体系要与预算体系协调配套。然而，在实际工作中，有部分企业把预算和核算割裂开来，预算与会计核算自成体系，形成两套核算规则，造成预算考核时需将会计核算口径的数据调整成预算口径的数据，既降低了数据的准确性和及时性，也导致预算执行情况的分析工作开展难度大，打击了工作人员的工作积极性。因此，制定会计核算规则时要充分考虑预算管理的要求，例如，费用的会计科目与费用预算的明细项目保持一

致，各类经济业务的入账口径与预算编制时的归集口径保持一致，确保会计核算的结果能直接和快速运用于预算执行情况中，为绩效考评的及时开展提供有力保障。同时，预算和会计核算中对责任主体的划分要保持一致，例如，企业在编制各类预算(如销售预算、生产预算等)时，需要按照责任主体进行划分，在会计核算时也应嵌入相应的责任中心核算概念。

六、夯实定额管理工作，为预算的编制和控制提供依据

在进行定额管理之前，应进行成本项目细分化。项目越细分化，越有利于后续的预算差异分析，更有利于找到问题的源头并进行解决。例如制造费用，这是一个大的成本项目(称为一级项目)，无法把握到管控的切入点，若先将制造费用细分化为消耗品(称为二级项目)，但消耗品包含很多类别，仍需继续分解细化为劳动保护费(称为三级科目)，劳动保护费又可以分为手套、劳保鞋等，如果再进一步细分，手套还可以根据手套材质划分为帆布手套、橡胶手套等，再将这个细分化后的项目作为预算项目并对其设定定额。

简单来说，定额是指某一种物品或服务的单位使用量，它是核算的基础及预算编制的重要依据。从某种意义上讲，如果没有定额基准，各项费用则无法管控。因此，企业实施全面预算前必须完善定额管理工作，包括制定与改善相关的目标和工作的细节。根据科学的统计与计量确定定额后，则可根据各成本项目的定额标准、单价、规模总量计算得出预算金额，使预算编制过程有理有据，也为后续的预算执行情况分析提供依据。反之，预算的执行情况分析也能为定额的改善提供依据。当实际执行金额与预算金额出现差异时，可以通过相关因素的对比分析，得出产生差异的原因是定额本身不准确，还是定额标准未被执行。如果定额本身不准确，则可以通过科学的方法对其进行修正，为下一步的预算编制提供更准确的依据。

七、运用信息技术手段，提高预算管理效率

预算管理的全过程包括编制、执行、控制、分析、考核等，均涉及对信息和数据进行收集、加工、传递和运用。信息和数据获取的速度及其本身的质量在很大程度上决定了预算管理水平。因此，企业应充分利用现代信息技术来规范预算管理流程，实现实时高效获取预算执行情况的信息，提高预算管理效率。

全面预算信息系统通常由四大功能模块组成，分别为预算编制、预算执行与

控制、预算分析、预算预警监控。同时，应与会计核算系统、财务报销系统、人力资源系统等对接，实现数据信息的共享和实时获取。通过与各系统对接，提高了数据的真实性、准确性和及时性，使公司管理层、各部门乃至每位员工都能够快速从信息共享中掌握本部门的预算执行情况，及时发现预算执行中存在的问题并解决，确保预算目标的实现。

八、将各项业务流程通过制度予以固化，形成制度体系

全面预算是对企业运营的全过程管理，涉及公司的各个方面，因此，预算管理的每个环节，包括预算的编制、调整、执行、控制、分析及绩效考核等均需有序运行，否则会直接影响预算管理的实施结果。为了使预算管理有章可循，应把各项业务流程通过制度的形式予以固化，形成预算管理制度体系。夯实预算管理的制度基础，包括预算编制制度、预算调整制度、预算执行与控制制度、预算分析制度、预算考核制度以及为预算管理工作奠定基础的会计核算制度、定额管理制度等。另外，为避免制度形同虚设，公司的审计部门应定期对预算管理的各项制度的执行情况进行监督和检查，若发现制度执行过程中存在问题，应当及时查找原因并加以解决。如果发现预算制度未执行到位，应深入分析原因，查明是制度本身不合理还是人员执行问题。对于人员执行不到位的，应加强对人员的教育和管理，提高人员的制度意识，同时，将人员对制度的执行情况纳入绩效考评的范围，通过与员工的切身利益挂钩来提高人员对制度执行的重视程度，从而确保制度得到有效执行。如果是制度本身制定不合理，则应结合环境的变化及预算的实施情况，定期修订、健全和完善各项制度，确保预算管理体系真正发挥效能。

第二章
预算管理组织体制的设计

第一节　预算管理组织设计原则
第二节　预算管理机构
第三节　预算编制流程
第四节　预算管理组织与模式

第一节 预算管理组织设计原则

企业预算管理组织体系是预算管理落实到位的组织保证，是预算管理系统发挥作用的载体。健全的预算管理组织体系能够为预算管理活动的实施提供完善的制度架构，促进预算编制、预算执行、预算调整与分析以及预算考评等各个环节有条不紊地进行。因此，预算管理组织体系的设置是企业预算管理系统推行的前提条件，是企业预算管理体系构建不可或缺的一部分。为了能够给预算管理活动营造良好的组织环境，必须在预算管理组织体系的设置过程中坚持一系列原则，这些原则是企业预算管理组织体系设置的大方向，各个企业在具体操作过程中，需要在这种原则框架之下，根据企业自身的组织特点、规模大小以及资金能力等具体情况详细地进行设计，使其适应本企业实际情况。

一、科学性原则

预算管理组织体系的设置应当满足科学规范化的要求。首先，预算的制定责任由公司董事会承担，预算的审定权力由公司股东享有。其次，预算组织体系的设置应当和企业组织结构的设置特点相一致，避免产生冲突、不适用之处，确保企业整体的协调统一。最后，预算管理组织体系的设置还应当和企业所处的生命周期相协调，企业在不同的生命周期及不同的阶段会产生特定的经营管理需求，进而需要选择与之相适应的预算管理组织体系。总之，预算管理组织体系的科学设置能够为预算管理活动的开展提供良好的组织环境基础，充分挖掘企业内在潜力，从而提高企业预算管理效率。

二、成本效益原则

预算管理系统设计的初衷就是为了更好地实现企业价值最大化，辅助企业追求更多经济利益。因此，预算管理组织体系的设计应当为企业效益服务，满足成本效益原则。过于庞大的预算管理组织体系不仅会造成预算管理成本费用的大幅度上升，降低预算管理效率，还会给企业带来巨大负担，成为抑制企业发展的隐患。例如，有的企业一味地追求预算管理组织体系设计的完美，倾入大量人力、财力、物力等巨大成本，最终得不偿失，违反了成本效益原则。而过于简单的预算管理组织体系又难以担当起企业预算管理载体的重任,很难为企业预算管理活动的开展提供预测决策信息、人员配置、资金配置以及业务流程优化等方面的支持,导致企业预算管理环境弱化,预算管理系统的推行将面临很大阻碍,很难落实到位。

三、系统化原则

预算管理是一个由全员参与、全过程管理的系统工程,其不仅涉及预算编制、预算执行、预算调整与分析以及预算考评等环节,还涉及企业供产销等各个方面。要保证企业预算管理实施的良好效果,必须贯彻系统化的原则。一方面,将预算管理的过程化管理与企业的奖惩制度有机结合在一起,充分发挥其激励机制的作用;另一方面,将预算管理目标与企业目标有机衔接起来,服务于企业管理系统的需求,致力于企业整体利益的最大化。

四、责权利相结合原则

预算管理组织体系是分层设计的,其划分科学与否直接决定着整个组织体系的成败。现实中,很多企业的预算管理系统失效都是源于预算管理组织机构划分的混乱。例如,职责分工不清、权责利不对称等。责、权、利相结合原则是预算管理组织体系设置的必备原则。一方面,可以明确各层级预算管理组织机构的责权利范畴,防止出现相互扯皮的现象,形成有效制衡机制;另一方面,可以保证预算管理过程与考评结果的公平公正,激励全员参与预算管理活动,调动全体员工的积极性和主动性。

五、可控性原则

企业预算管理组织体系权限和责任的确定应以能够管理为原则。对不能管理的因素或项目,即使与本预算管理组织层级有关,也不应由其承担责任。坚持可控性原则有两方面意义:一方面,分清平级预算管理组织机构之间的职责,即确保它们相互之间不能存在交叉职责的现象,平级的其他预算管理组织机构的责任不能由本预算组织机构来承担;另一方面,要清晰划分上下级预算管理组织机构之间的责任界限,即不能由下级预算管理组织机构承担上级预算管理组织机构的责任,而上级预算管理组织机构却需要承担下级预算管理组织机构的责任。

总之,企业预算管理组织是企业预算管理系统的重要环节,是企业预算落实到位的坚实基石，而在预算管理组织架构的设计方面应当遵循一系列的原则，如科学性原则、成本效益原则、系统化原则、责权利相结合原则、可控性原则等。只有将这些原则切实落实到预算管理组织设计的每一个环节，才能确保预算管理系统的有效性，强化预算管理手段刚柔并济，从而完善企业管理系统的构建，推动企业的长远发展。

第二节 预算管理机构

预算管理作为一种管理控制系统，需要有相应的组织机构才能在企业内部得以顺利实施。预算管理组织体系在预算管理活动中起着主导作用，它是预算管理实施的主体。一般来说，从整个企业的预算管理活动看，有两条行为主线在发挥规划、控制与推动作用：一条是由预算管理组织所形成的管理行为线，另一条则是由预算执行组织所形成的执行行为线。在这里，就企业预算管理的管理组织进行讨论。

预算组织是预算机制运行的基础环境，预算目标的实现必须建立在完善的预算组织基础上。以目标利润为导向的全面预算管理组织体系是管理过程中起主导作用的集合体，也是模式运行的主体，它包括预算管理委员会、预算专职部门以及预算执行组织。

一、预算管理委员会

（一）预算管理委员会的职责

由于预算管理是对企业集团的决策目标以量化方式进行资源配置，并使企业集团的整个经营活动协调运转的控制系统，因此必须设置一个具有独立性、战略性、权威性的管理组织负责预算的编制、执行、内审、评估、激励和信息反馈。对预算管理过程中发生的种种冲突从整体上进行协调与控制，公正全面地对预算执行结果进行考评。为此，必须设置一个由集团公司董事会直接领导，并对集团公司董事会负责的预算管理委员会作为预算管理的管理组织。

预算管理委员会在组织体系中居于领导核心地位，是由单位负责人，如企业的董事长或总经理担任吸纳单位内部相关部门的主管，如主管销售的副总经理、主管生产的副总经理和主管财务的副总经理等人员组成的。其中，常务委员可以由财务经理担任，其他成员可以依据工作需要适时增减调整。

预算管理委员会的主要职责是组织有关人员对目标利润进行预测、审查、研究、协调各种预算事项。预算管理委员会主持召开的预算会议是各部门主管参加预算目标的确定、对预算进行调整的主要形式。预算管理委员会的主要职责包括以下几项：①制定与预算管理的政策、规定、制度等相关的文件；②组织相关部门或聘请有关专家对企业的目标利润进行确定和预测；③审议、确定目标利润，提出预算编制的方针和程序；④审查各部门编制的预算草案及整体预算方案，并就必要的改善对策提出建议；⑤在预算编制、执行过程中发现部门间有彼此抵触现象时，予以必要的协调；⑥将经过审查的预算提交单位决策机构，如企业董事会，通过后下达正式预算；⑦接受预算与实际比较的定期预算报告，再予以认真分析、研究的基础上提出改善的建议；⑧根据需要，就预算的修正加以审议并做出相关决定。从本质上讲，预算管理委员会是预算的综合审定机构，是单位内部预算管理的最高权力机构。当然，其审定后的预算最后要呈请单位决策机构批准。

(二)预算管理委员会设计原则

在设计预算管理委员会时，应遵循四个原则。第一，职、责、权明确的原则。预算管理委员会的权力必须与其职责相适应。"有责无权"会使该组织执行起来步履艰难，"有权无责"必然会助长不恰当的指挥和官僚主义风气的形成。因此，构建委员会时必须考虑到职、责、权明确的原则。第二，"直线—职能"控制原则。所谓"直线—职能"控制原则是指把一部分职务和人员划分为职能组织，行使组织指挥主要职能，把另一部分职务和人员划分为非职能组织，以支持和协助直线组织活动。由于全面预算管理活动、管理对象涉及企业活动的人力、财力、物力等的各方面，需要各种类型的人才较多，企业必须组织专门人员来执行该项活动。第三，统一指挥原则。如果两个或两个以上组织或领导对同一样预算活动来管理，就极易产生混乱局面。倘若全面预算管理活动由两个或两个以上机构领导人同时指挥，那么就必须在预算委员会下达之前，两个机构与领导人相互沟通，达成一致意见后再下达，这样才能使全面预算管理活动顺利进行。第四，组织扁平化原则。在构建预算组织时很容易造成机构臃肿、管理成本上升，员工参与决策的程度低，积极性、创造性差，而这些有违全面预算管理的初衷。组织的扁平化已经是组织设计时的重要考虑点，减少中间层次，增大管理幅度，促进信息的传递和沟通，使组织结构图看起来更"扁平"，从而使全面预算管理活动执行起来更有效。全面预算管理作为一种管理控制系统，需要有相应的执行主体，它一般包括两方面，即预算管理组织和全面预算执行组织。从委托代理的角度来看，全面预算管理委员会作为一种机构来制约代理者，其应该设在董事会。

二、预算专职部门

预算专职部门的主要职责是处理与预算相关的日常管理事务。因预算管理委员会的成员大部分是由单位内部各责任单位的主管兼任，预算草案由各相关部门分别提供，而获准执行的预算方案是单位的一个全面性经营管理预算，预算管理委员会在预算会议上所确定的预算方案也绝不是各相关部门预算草案的简单汇总。这就需要在确定、提交通过之前，对各部门提供的预算草案进行必要的初步审查、协调与综合平衡，因此，必须设立一个专门机构来具体负责预算的汇总编制，并处理日常管理事务。同时，在预算执行过程中，可能还存在一些潜在的提高经济效益的改善方法或者发生责任单位为了完成预算目标，有时采取一些短期行为的现象，而管理者可能不会及时得到这些信息，这就决定了预算的执行控制、差异分析和业绩考评等环节不能由责任单位或预算管理委员会来单独完成，以避免出现部门满意但对单位整体来说并不是最优的结果。因此，必须实行预算责任单位与预算专职部门相互监控的方式，使它们之间具有内在的互相牵制作用。预算专职部门应直接隶属于预算管理委员会，以确保预算机制有效运作。预算专职部门具体可以分为预算编制机构、预算监控机构、预算协调机构和预算考评机构等。

预算专职部门的主要职责包括以下内容：①负责单位预算管理制度的起草和报批工作；②负责检查落实单位预算管理制度，对制度执行中出现的问题，有权责令责任单位进行整改，性质严重的应立即向公司预算管理委员会报告，并提出处理意见；③编制单位年度全面预算（草案），并根据预算下达预算分配指标；④负责对预算执行过程的管理和控制，并定期进行分析；⑤结合单位实际，制定和调整预算分配定额，提出调整预算的建议方案；⑥根据全面预算管理需要，指导协调单位会计核算等工作。预算专职部门的建立，对提高单位预算编制的科学性、及时性，保证预算有效执行具有重要意义，但根据成本收益原则，预算专职部门的设立应从单位实际出发。例如，鉴于预算体系主要是以财务形式表现的，预算体系又是一种全面计划，编制预算、财务部门和计划部门的关系最为密切，因此，预算的编制可以由财务部门和计划部门兼任（其中应以财务部门为主），但应由专人负责，以保证预算编制的速度和质量。有效的预算监控机构应该借助各部门、各成员的共同努力，使预算执行者之间自我监控和相互监控相结合，在单位形成与各项职能及各专业对应的纵横交错的监控。

三、预算员

所有需要参与预算编制的责任单位都应设立预算员，预算员对所在责任单位负责，其业务受预算管理委员会及专职预算机构指导。作为公司内部最高监督机构的监事会应对预算的确定和执行承担其监控职责。

四、预算责任网络

预算控制系统的建立不仅需要在制度上对于流程和控制环节加以规定，还要求在实际工作中建立有效的、以计算机网络为基础的信息系统。目前，各企业虽然成立了预算管理委员会，但是，要么没有真正履行其职责，要么机构中的人员没有相关部门人员参与，有的甚至是形同虚设，所有的预算工作全部由财务部门来承担。因此，我们必须健全和完善预算管理的机构，建立有效的控制系统，严格按照其职责开展预算管理工作，真正发挥预算管理的作用。

预算责任网络是以企业组织结构为基础，本着高效、经济、权责分明的原则建立，是预算的责任主体。它由投资中心、利润中心及成本中心组成。确定责任中心是预算管理的一项基础工作，企业根据其组织结构形式，形成适合自身特点的预算责任网络，并明确网络内部各管理层次的预算职责，使预算责任网络有效运转。

预算责任网络的构造与企业组织结构类型有关。企业组织结构一般可以分为纵向组织结构和横向组织结构两种，不同组织结构下的预算责任网络形式不同。

（一）纵向组织结构的预算责任

纵向组织结构又称为直线职能制组织结构，其特点是以整个企业作为投资中心，总经理对企业的收入、成本、投资全面负责，所属各部门、分公司及基层预算单位均为成本中心，只对各自的责任成本负责。这种组织结构权力较为集中，下属部门自主权较小。纵向组织结构体制下，企业预算自上而下逐级分解为各成本中心责任预算，各成本中心的责任人对其责任区域内发生的责任成本负责。基层成本中心定期将成本发生情况向上级成本中心汇报，上级成本中心汇总下属成本中心情况后逐级上报，直至最高层次的投资中心。投资中心定期向预算管理委员会汇报情况。

（二）横向组织结构的预算责任

横向组织结构又称为事业部制组织结构，其特点是经营管理权从企业最高层下放，各事业部具有一定的投资决策权和经营决策权，成为投资中心。其下属分公司对成本及收入负责，成为利润中心。分公司下属基层预算单位均为成本中心，对各自的责任成本负责。

在横向组织结构体制下，企业预算也逐级分解为各责任中心的责任预算。最基层的成本中心定期、逐级地将实际成本发生情况上报给上级成本中心，直至汇总到利润中心。利润中心则将成本中心责任成本与收入汇总上报至上级投资中心，各投资中心将责任预算完成情况汇总报告给总公司，由总公司的预算管理专门机构向预算管理委员会汇报。

不论是纵向组织结构还是横向组织结构，基层单位都应在企业预算管理机构的指导下负责本单位责任预算的编制、控制和分析工作，并接受企业的检查和考核，基层单位负责人对本单位预算的执行结果承担责任。

第三节　预算编制流程

预算编制是全面预算管理过程中的一个重要环节，预算编制质量的好坏直接影响预算的执行结果，也影响对预算执行者的业绩考评。关于预算的编制程序，视企业不同情况、不同预算模式而分为自上而下式、自下而上式和上下结合式三种。

一、自上而下式预算编制程序

自上而下的预算编制组织程序是一种最传统的预算管理程序，其预算由公司总部按照战略管理需要，结合公司股东大会意愿及企业所处行业的市场环境来提出，预算是全面而详细的，各分部或子公司只是预算执行主体，预算权力在总部。在自上而下式的编制程序里，总部预算管理职责集中于预算管理委员会，它要根据业务单一的特征对集团成员进行定位。

(一)股东大会或母公司提出子公司年度预算的目标利润

股东大会或母公司根据母公司战略计划、本地区同行业平均资本报酬率、子公司经营状况及拥有的资源条件，结合其他因素等，提出子公司年度预算的目标利润。

(二)子公司董事会提出公司为达成目标利润的主要任务指标

任务指标是由子公司董事会根据股东大会或母公司的要求提出，主要包括：销售收入、成本费用水平、对外投资的收益水平以及其他业务净利润水平等。指标的制定应以"先进合理"为原则。需要注意的是，子公司预算最终需要由子公司董事会来审定，母公司的预算导向与预算意志通过母公司占子公司董事会成员的比例来实现。

(三)各经营分部或职能部门提出各自的预算方案

各经营分部或职能部门按照子公司董事会提出的指标，结合各自责任中心的定位(如利润中心、成本费用中心或收入中心等)，就其中与自身业务相关的指标进行可行性论证，提出各自的预算方案。预算方案的提出是经营或管理改进的结果，在这层含义上，各预算数字的背后是各自预算实现的行动方案，只有这样，才能保证预算目标的可实现性。如果预算数字背后所对应的经营或管理方案是不具体的、不可行的，则预算目标的实现就会落空。其预算方案应注意与企业战略目标不相矛盾，符合增长原则(保持高于行业发展水平的规模增长水平)、成本领先原则(以成本领先来获取超额利润)、费用投入原则(杜绝费用的无效投入，保证基本费用)等。

(四)子公司经营层或董事会对预算方案评审

各经营分部或职能部门在提出各自预算后，应及时上报至公司预算管理部门，由预算管理机构(如预算管理小组成员)对所报预算进行初审和汇总，在初审和汇总协调后上报子公司经营层或董事会。对预算方案的评审是全面预算成败的关键所在。预算管理部门对方案应进行价值分析，要保障企业战略的顺利实现，还要重点考察其是否遵循了效益原则（获得最大利润）、资金安全原则（降低资金的占用，加速资金的周转，提高资金使用效果）、新产品开发原则（做好新品开发工作）、质量控制原则（加强质量控制，提高效益）等，以保证预算方案的经济性。

从内部控制角度来讲，预算管理机构对各级组织初审的内容体现为预算目标的可实现性，包括目标是否合理、是否有充足的资源保证目标实现、是否在管理环节还有待改进以达到更高的目标要求等。为体现预算责任，所有组织在对预算管理机构上报预算方案时，都必须由该组织的第一责任人签字，没有第一责任人签字的预算方案，预算管理机构和管理人员有权拒绝接受。

（五）经营层或董事会确定预算方案

经营层或董事会接到预算管理机构上报的汇总预算方案后，应召开由职能部门参加的协调会，对有关指标进行适当调整，确保目标利润的实现。当目标利润确实难以完成时，要提出充分理由，经股东大会或母公司同意后方可调整指标。董事会对各部门、各层次提出的投资可行性方案，交由各专业委员会进行论证，并根据论证结果最终确定实施的投资方案。

子公司董事会要将预算方案上报母公司，由母公司进行权衡，以保证母公司预算指标的实现。母公司在接到子公司上报的汇总预算方案后，要进行集团预算的再汇总，由集团总部的预算管理委员会进行讨论、论证、协调，并对各子公司的预算进行再确认，通过后，将以总部名义下达给各个子公司。

（六）下达部门预算

子公司董事会或授权的预算管理委员会在接受总部预算目标后，需要对所在公司的预算方案进行再审查，如果出入不大，即可通过董事会决议方式下达部门预算，否则需要在子公司内部进行预算指标的再平衡，平衡通过后，董事会或授权的预算管理委员会形成决议并下达。在正式下达时，要通过正式的签约方式，即预算指标与各组织责任人进行签约并明确责任。

（七）具体落实预算指标并进行监督与管理

各经营单位和职能部门在接受预算指标后，要按预算计划和时间进程进行具体落实。财务部、审计部和人力资源部等重要部门要强化对预算执行过程的监督与管理，并建立相应的预警系统，以提高组织的内部反应能力。

以往一般企业大都采用自上而下式预算编制程序，按此程序编制的预算更接近于企业战略目标。自上而下式的预算编制最大好处在于能保证母公司总部利益，同时考虑企业集团战略的发展需要。但其最大的不足在于将权力高度集中在总部，从而不能发挥各子公司自身的管理主动性和创造性，它达成的协议往往难以在基层管理层达成共识，从而不利于企业集团的未来发展。它一般只适用于生产和经营单一产品、单一项目的企业集团。

二、自下而上式预算编制程序

在这种程序中，预算管理总部对预算只具有最终审批权，起到的是管理中心的作用，它视预算管理为各子公司落实其经营责任的管理手段，预算管理的主动性来自各子公司。总部的预算管理责任是确定财务目标，如目标资本报酬率等，子公司的预算管理是如何实现这一目标，为此，子公司编制并上报的预算在总部看来只是对总部财务目标实现的一种行动承诺。总部审批下级上报的预算，只是出于对这一预算的可靠性进行核实。它由集团母公司提出目标，由子公司确认预算。其编制方法与自上而下的编制程序相差不大，只是程序不同，其编制程序如下：①母公司董事会提出预算编制的指导性原则；②各子公司根据自身情况，提出年度可完成的任务指标及相关说明；③子公司编制内部的预算；④下达执行预算。

子公司内部预算编制完毕，经子公司董事会或授权的预算管理委员会批准后下达执行，同时，子公司董事会将正式下达的预算方案向母公司预算管理部门上报备案。

这种方式的优点在于提高了子公司的主动性，同时将子公司置于市场前沿，提高了子公司独立作战的能力。其最大的不足在于：第一，可能引发管理失控（它只强调结果控制而忽略过程控制，一旦结果既成事实，没有弥补过失的余地）；第二，宽打窄用，导致资源浪费，如为争夺母公司的资本资源而多报预算；第三，不利于子公司盈利潜能的最大发挥，如子公司的负责人为保持对子公司的长期经营权，会采用"挤牙膏"式的利润预算方式，年度利润预算只在上年度的基础上适当增长，从而保持利润逐年增长而幅度不大。

自下而上式的编制程序适用于资本型的控股集团，因此，在目前市场竞争激烈的情况下，这种程序在实际运用中并不多。

三、上下结合式预算编制程序

这种预算编制方式与战略控制型母子管理关系相对应，它是现代预算管理最为可取的一种方式，一方面通过上下结合可以达到预算意识的沟通和总部预算目标的完全执行；另一方面通过上下结合避免了单纯自上而下和自下而上的各种不足。在具体预算编制过程中，一般遵循以下思路。

（一）下达目标

企业董事会或经理办公会根据企业发展战略和预算期经济形势的初步预测，在决策的基础上，一般于每年9月底之前提出下一年度企业财务预算目标，包括销售或营业目标、成本费用目标、利润目标和现金流量目标，并确定财务预算编制的政策，由财务预算委员会下达至各预算执行单位。

（二）编制上报

各预算执行单位按照企业财务预算委员会下达的财务预算目标和政策，结合自身特点以及预测的执行条件，提出详细的本单位财务预算方案，于10月底之前上报至企业财务管理部门。

（三）审查平衡

企业财务管理部门对各预算执行单位上报的财务预算方案进行审查、汇总，提出综合平衡的建议。在审查、平衡过程中，财务预算委员会应当进行充分协调，对发现的问题提出初步调整的意见，并反馈给有关预算执行单位予以修正。

（四）审议批准

企业财务管理部门在有关预算执行单位修正调整的基础上，编制出企业财务预算方案，上报至财务预算委员会讨论。对于不符合企业战略发展或者财务预算目标的事项，企业财务预算委员会应当责成有关预算执行单位进一步修订、调整。在讨论、调整的基础上，企业财务管理部门正式编制企业年度财务预算草案，提交董事会或经理办公会审议批准。

（五）下达执行

企业财务管理部门对董事会或经理办公室审议批准的年度总预算，一般在次年3月底之前分解成一系列的指标体系,由财务预算委员会逐级下达至各预算执行单位。

以上步骤可概括为"上下结合、分级编制、逐级汇总"的编制程序,在该程序下,它体现了以下优点:①强调预算编制过程中的民主集中制原则;②每个步骤都有明确的时间要求;③要求每年9月份就开始着手公司预算编制。

上下结合式的预算编制程序给予各管理层充分博弈的空间,其结果表现为各管理层对目标达成一致,从而对预算的执行大有好处;但是也应看到,这种方式的最大不足在于"过多的讨论会削弱预算的战略性"等问题。

第四节 预算管理组织与模式

一、预算管理组织

(一)组织形式与预算管理的辩证关系

预算管理在加强企业内部控制、提高企业管理水平和管理效益方面发挥着重要作用。企业预算管理功能的发挥,在一定程度上与其组织形式有着相当重要的联系。因此,深入研究和探讨预算组织形式,对我国企业加强预算管理有着重要的借鉴作用。

所谓组织是指为了实现某种特定目的而组建并进行相应活动的单位或群体,具有相应的内部结构,并且可以根据内外环境条件的变化调整自身的结构及活动。作为组织,具有人力、财力、物力和信息等多种要素及运用这些要素的能力。组织的人力、物力和财力的数量和质量,体现着组织的规模和能力,是组织的生命力之源,而组织诸要素的最优组合与最佳运用则是其长远发展和功效发挥的关键。企业的组织形式是研究预算管理要解决的重要问题。企业组织形式与预算管理之间的辩证关系为:①企业的组织形式会对预算管理产生一定的影响。企业的组织形式不同,预算管理的模式也不相同。②预算管理的载体是组织。预算管理影响作用的好坏,其衡量标准要看是否有利于组织效率的提高和功能的完善;是否有利于责、权、利关系的相互制约;是否有利于建立富有弹性的组织机构;是否有利于发挥组织内部人员的积极性。因此,研究不同的组织形式,对预

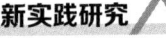

算管理有着重要的指导作用。

(二)预算管理组织形式

1. 国外预算管理模式及其评价

(1)集权式预算管理

集权式预算管理是一种高度集中的预算管理。在这一程序下，企业高层管理者不征求下层管理者与员工的意见，以历史数据为依托，通过考虑企业的经营目标、发展规划、市场预测、技术进步与增效措施等确定预算目标，编制预算并将这一预算目标分解到各个下属单位或部门，将其作为人员考核的依据。与此相对应，下属单位或部门将预算的执行情况自下而上逐级上报，由企业最高管理层对预算执行情况进行分析，并提出纠正措施。这种预算管理的优点主要反映在以下方面：①能有效拟定企业的预算目标。企业最高管理层所制定的预算目标是根据企业所处的各种环境和所具备的各种条件的分析，由于预算目标具有战略性、综合性和导向性等特点，预算目标的制定是最高领导人的职责，因此，往往在集权式预算管理下容易办到。②有利于企业最高领导人在企业整个组织以及生产经营的全过程对预算实行全面控制。组织与控制是企业管理的两大职能。发挥好它们的作用，对于提高企业管理水平是非常重要的。在集权式预算管理下，组织系统的各元素都围绕着企业的预算目标进行。同时，偏离目标行为的纠正会因为集权显得更及时有效。集权式预算管理的缺点主要反映在以下方面：①下属执行预算的自觉性较差。由于这一模式下的预算是最高领导人编制的，上级并没有征求下属的意见，而是上级单方面决定预算的编制，下属会认为上级并没有考虑他们的意见，觉得预算编制过程不公平，不利于调动下属的积极性、主动性，从而使得企业的经营效率下降。②影响企业下层管理人员的培养。当下层管理者权力较少时，就少做事、少实践，人才得不到培养，企业后继无人。

(2)分权式预算管理

在分权式预算管理下，预算管理的程序是：下属各单位、部门根据本单位部门的实际情况，提交其预算。财务部门对下属各单位、部门提交的预算进行汇总，并报送预算管理委员会审核，最后由公司最高决策机构根据企业的实际情况协调部门利益，权衡资源分配，作出最后的预算决定，然后由上而下逐级分解到下属各单位、部门，并作为执行与考核的依据。这种预算管理的优点主要体现在以下方面：①分权管理模式大大提高了预算指标的现实性与可靠性。因为整个企业自上而下全员参与预算制定，下属最了解其部门情况，所以他们制定的预算更加贴近实际。②这一预算管理模式大大激发了下属执行预算的自觉性。该形式下的预算为企业员工和较低层次的管理人员提供了在企业管理中表达自己意见的机会，是满足组织成员受尊重和自我完善需要的手段。③较低层管理人员获得了决策能力和其他有助于他们在组织中获得晋升的管理技巧，从而保证领导的连续性。

分权式预算管理的缺点主要体现在以下内容。容易导致预算松弛现象。预算松弛主要发生在预算编制过程中，表现为预算执行者低估收入、高估成本、低估产量甚至销售价格、夸大完成预算的困难、低估利润等。预算松弛直接影响到预算管理的有效性。首先是过于宽松的预算，难以激发企业的潜力，带来了大量无效成本，造成时间和精力的浪费。由于成本没有实现最小化，利润也就达不到最优。其次是预算松弛、预测错误、客观环境变化和工作不努力等都会产生不利的预算差异。预算松弛的存在，为管理者提供了掩盖失误的弹性空间，妨碍查明差异的真正原因，影响到业绩评价的客观性，从而达不到实行预算管理的真正目的。这是分权式预算管理最大的不足。与集权管理模式相比，预算编制成本高。因为在这一预算模式下，预算是一个自下而上的过程，参与人员多，编制时间长，在预算方案的提出、预算方案的反复商讨与审定等过程中所发生的成本较高。可能出现个人目标与组织目标不一致，因为下属和部门经理可能做出对自己部门有利但对组织的全局利益不是最有利的决策，即他们以整个组织的利益为代价做出对本部门有利的预算。

2. 我国企业对国外预算管理的借鉴

集权式预算管理和分权式预算管理是国外最为流行的两种预算组织形式，以上我们探讨了两种预算组织形式，分别对其进行了简要介绍，并指出了其优缺点。我们认为，我国企业在选择预算管理组织时，应发挥两种组织的优点，避免其缺点，采用综合式预算管理组织。

在综合式预算管理下，公司预算管理委员先要依据当年实际业绩及预算年度的工作要求，结合企业发展战略，提出公司年度的预算总目标，并报送最高决策机构批准。之后预算管理委员会依据已批准的预算总目标和既定的目标解决方案，计算确定各部门的分目标。进而各部门依据分目标的要求及对预算年度相关业务进行预测，寻求实现目标的具体途径，形成预算草案并报预算管理委员会。最后预算管理委员会综合各部门的预算初稿，讨论形成或驳回重编制后，汇总形成公司预算初稿,并上报最高决策机构。最后经最高决策机构审议,批准预算并下发执行,作为执行与考核的依据。

与集权式预算管理模式比较而言,综合式预算管理的优点在于以下两方面:①它是一个上下结合的过程。在该预算中,企业员工和较低层次的管理人员在预算编制过程中都有表达自己意见的机会,既能使各层次的管理者充分发挥作用又能最大限度地使职工个人参与,使人本管理思想落在实践中,并且便于执行预算。②有利于培养下层管理者。因为企业的员工和下层管理者都参与了预算的制定,并且下层管理者有效地发挥了管理作用,为以后的管理工作积累了一定的经验,使企业领导后继有人。

与分权式预算管理模式相比,其优点在于以下三个方面:①有效地避免了预算松弛现象的存在。在综合式预算管理模式下,预算的编制以企业目标的实现为前提,而且它是一个"上下结合、反复磋商、协调"的过程,避免了预算编制过程中的讨价还价,"宽打窄用",提高了预算编制效率。②贯彻了目标一致原则。预算的编制以企业总体目标的实现为前提,有效地避免了因只考虑本部门利益而产生的忽视企业整体利益的现象,从而保证个人目标与组织目标的一致。③个人的预算目标在企业预算目标中得以充分显示。在综合式预算管理下,部门与部门之间、个人与企业之间的信息得以充分交流,个人的预算目标在企业预算目标中得以充分显示,并且使企业内部的资源得到最佳配置。

二、预算管理模式

企业全面预算管理是现代企业内部控制的核心,全面预算的编制,又是企业组织内部控制的重要前提。在企业编制预算的实际操作之前,确定全面预算的编制模式是任何预算编制机构首先应当解决的问题。而恰恰在这个问题上,理论界众说纷纭,很难取得统一意见。预算管理实践过程中,先后出现了以下预算管理模式。

(一)销售预算管理模式

1. 以销售为核心预算管理模式的含义

对于步入增长期的企业而言,尽管产品逐渐为市场所接受,对产品生产技术的把握程度已大为提高,但企业仍然面临着较高的风险。它一方面来自产品能否为市场完全所接受、能在多高的价格上接受,从而表现为经营风险;另一方面来自现金流的负值及由此而产生的财务风险，即由于大量的市场营销费用投入、各种有利于客户的信用条件和信用政策的制定而需要补充大量的流动资产。因此，现金净流量仍然维持在入不敷出的状态。这些特征是由于企业的战略定位而固有的，增长期的战略重点不在财务而在营销，即通过市场营销来开发市场潜力和提高市场占有率。同样，预算管理的重点是借助预算机制与管理形式来促进营销战略的全面落实，以取得企业可持续的竞争优势。在这一阶段，企业战略管理的重点是扩大市场占有率，并在此基础上理顺内部组织的管理关系。

以销售为起点的预算管理模式应该、而且能够为企业营销战略实施并持续提高其竞争力提供全方位的管理支持。该模式下预算编制思想是：①以市场为依托，基于销售预测而编制销售预算；②以"以销定产"为原则编制生产、费用等各职能预算；③以各职能预算为基础编制综合财务预算。

从预算机制角度看，该预算模式下的管理以营销管理为中心。具体来说，销售预测需由营销等职能部门全面参与，在市场预测的基础上确定各营销网络的销售预算，上报企业预算管理中心，由预算管理中心结合企业发展战略及区域定位来调整各网络的销售预算，在预算管理中心与各网络就销售预算进行讨价还价并最终达到一致后，由预算中心下达各网络的销售指令，从而形成对各网络的硬预算约束。同时，对于非销售的其他辅助管理部门，它们在本质上都属于销售预算管理的支持与辅助部门，预算管理中心要通过测定调整各职能预算，确定并下达各职能部门的预算责任，因而预算责任就成为各部门工作的标杆和管理依据，成为自我控制与自我调整管理行为的指挥棒。它表明预算已使得各职能部门变被动接受上级管理为主动进行自我管理。以销售为核心的预算管理模式的预算体系，主要由以下内容组成。

(1)销售预算

销售预算是以销售为核心的预算管理模式下预算体系的起点，是关于预算期的销售量和销售收入的规划，销售预算编制的一个关键环节便是预算期销售情况的预测。对此，可以采用定性分析或定量分析两种基本方法，具体又分为判断分析法、调查分析法、趋势预测法、因果预测法以及购买力指数法等。

(2)生产预算

生产预算的编制要以销售预算和产成品存货预测为基础。多环节生产的产品往往还应编制每一环节的产品预算。产品的预测生产量可以根据预测销售量和期初、期末产品的库存量确定，主要有两个关键环节：一是要预测期初和期末产成品的库存量，这要根据企业的销售渠道和销售能力以及相应的管理、技术水平而定；二是计算预测生产量，其公式如下：

预测生产量＝（预测销售量＋预测期末产成品库存量）－预测期初产成品库存量

(3) 供应预算

为保证生产的顺利进行，要进行各项资源供给及配置的预算，并确定相应的预算成本。具体包括以下几个方面：①直接人工预算，它根据生产的需要安排适当各岗位上的工作人员，并确定相应的人工成本，由于不同岗位工资率不同，因此应该先按不同岗位分别计算，然后再汇总计算直接人工费用；②直接材料采购预算，它要根据各期预算产量对材料的需求，考虑期初、期末存货变化确定材料采购量及相应的采购支出；③制造费用预算，它要确定产品生产过程中相应发生的制造费用，包括变动制造费用和固定制造费用。

(4) 成本费用预算

成本费用预算要在充分考虑外部市场价格对于企业经营的压力、企业历史成本情况、内外环境的变动等因素的基础上，进行内部挖潜，使预算先进而合理。具体做法如下：①在生产、供应基础上确定单位产品生产成本；②预计因此发生的其他管理费用、财务费用和销售费用。

(5) 利润预算

在以上销售预算、成本费用预算基础上，确定预算产品或业务在预算期内可以获取的利润。这一预算利润能否实现除了要受外部市场异常变动的影响外，还受企业营销策略是否成功、成本控制是否有效等因素的影响。

(6) 现金流量预算

在以上销售预算、成本费用预算基础上，确定由此引起的现金流入和流出情况，使财务部门能够及早进行资金运作，保证生产经营活动对资金的需要，提高资金使用效益。为方便现金流量预算的编制，往往在上述各项预算的编制中包括现金流量资料。当然，这一体系中的现金流量预算可以不包括投资与筹资活动所引起的现金流量。此外，还包括相应的财务预算和资本支出预算等各项具体内容。

2. 以销售为核心预算管理模式的预算组织

以销售为核心预算管理模式的预算组织，主要包括预算管理组织和预算执行组织两大部分。

第二章　预算管理组织体制的设计

(1)预算管理组织

预算管理组织负责预算的编制、审定、协调和反馈及其他各项预算管理职能，在企业全面预算管理中发挥着重要的组织协调作用。为了使整个预算工作有条不紊地进行，一般在企业内部设置预算管理委员会，负责预算的编制、实施、控制、协调和指导。

预算管理委员会一般是企业最高层负责人(董事长或总经理)领导，由各职能部门主管共同组成，实际工作中通常由供、产、销和财务等部门主管人员以及总会计师或财务总监等组成。这样可以保证在预算管理中遇到问题时能够及时、有效地获得解决。其主要职能是制定和颁布有关预算制度政策，审查和协调各部门的预算申报工作，处理有关方面在编制预算时可能发生的矛盾和争执，最后批准预算、下达指标，并随时检查预算执行情况，处理预算管理过程中出现的重要问题。在全面预算管理制度比较完善的企业还可以进一步细化设置专门的预算编制委员会、预算考评委员会、预算协调委员会等常设机构，以加强预算管理。

(2)预算执行组织

预算管理所涉及的销售、生产、供应及其他职能部门都是预算执行组织。以销售为核心的预算管理模式的基本目标是通过预算来保证内部各部门的运作协调一致，通过满足市场需求来获取效益，所以不同部门的工作重点各有侧重。

销售部门的基本职责是如何在预算要求的价格水平上实现预算销售量；生产部门要按质、按量、按时完成销售部门所要求的生产量，并且要将成本控制在预算所要求的水平之内；供应部门要保证生产部门所需要原材料的数量和质量，同时要完成其成本控制任务；其他职能部门除了其特定管理职能外，同样负有成本费用控制的责任。

以销售预算为基础的预算管理体系非常严格，要求各部门之间协调运作，各预算执行组织之间良好的合作是确保企业全面预算管理目标顺利实现的基本条件。

3. 以销售为核心预算管理模式下预算编制的一般程序

以销售为核心预算管理模式下，预算编制一般按以下程序进行。

(1)确定预算期间企业销售指标

根据市场销售预测，参考企业预算期间的预期利润，采用适当的方法，科学、合理地确定预算期间企业的销售指标。

(2)编制销售预算

销售部门以销售预测为基础，根据企业实际情况和预算期间预计可能发生的变动情况编制销售预算，确保实现企业上级管理部门下达的销售指标。

(3)编制生产预算

生产部门在销售预算的基础上，考虑期初、期末产品存货的需要编制生产预算，保证预算期间销售的需要。

(4)供应部门编制料、工、费等各项预算

供应部门围绕部门生产的需要，编制料、工、费等各项预算，协调各项资源供给及配置，保证生产正常有序地进行。

(5)相关职能部门分别编制相应的预算

相关职能部门根据上述各项预算分别编制相应的预算，包括管理费用、财务费用和销售费用等在内的成本费用预算，以加强企业预算管理和内部控制，确保预算总目标的实现。

(6)财务部门编制利润等预算

财务部门根据这些预算，结合所掌握的各种信息，在上述销售预算、成本费用预算等预算的基础上编制利润预算，确定企业预算期内可望获取的利润，并据以对各级责任单位和个人进行考评和控制。同时，还可以编制现金流量预算，以便企业及早进行资金运作，保证生产经营活动所需要的资金，提高资金使用效益。

4. 以销售为核心预算管理模式的适用范围及优缺点

(1)适用范围

以销售为核心预算管理模式主要适用于以下企业：①以快速成长为目标的企业。如果企业的目标不是追求时利润的高低，而是追求市场占有率的提高，可以采用以销售为核心的预算管理模式。②处于市场增长期的企业。这种类型的企业产品逐渐被市场接受，市场占有份额直线上升，产品的生产技术较为成熟。这一时期企业的主要管理工作就是不断开拓新的市场以提高自己的市场占有率，增加企业销售收入。在这种情况下，采用以销售为核心预算管理模式能够较好地适应企业管理和市场营销战略的需要，促进企业效益的全面提高。③季节性经营的企业。以销售为核心的预算管理模式还适用于产品生产季节性较强或市场需求波动较大的企业。由于从特定的会计年度来看，这种企业所面临的市场不确定性较大，其生产经营活动必须根据市场变化灵活调整，因此按特定销售活动所涉及的时期和范围进行预算管理，就能够既适应这种管理上的灵活性需求，又有利于整个企业的协调运作。

(2)优缺点

以销售为核心的预算管理模式的优点主要有以下三点：①符合市场需求，能够实现以销定产要求；②有利于减少资金沉淀，提高资金使用效率；②有利于不断提高市场占有率，促进企业快速成长。

以销售为核心的预算管理模式的缺点主要有以下三点：①可能会造成产品过度开发，不利于企业长远发展；②可能会忽略成本降低，不利于提高企业利润；③可能出现过度赊销，增加企业坏账损失。

(二)利润预算管理模式

1. 以利润为核心的预算管理模式的含义

实现利润是企业投资的前提条件，也是企业经营的主要目的。以利润为核心的预算管理模式以利润为管理主线，围绕利润的实现进行预算编制，确定销售量和成本费用水平等，然后据此确定对企业的生产管理模式，打破了传统管理模式的约束和局限，构建了一整套全新的管理运行机制，在我国是一种新型的企业管理模式。比如这一模式在山东华乐集团已经取得了成功。以利润为核心的预算管理模式较为强调所有者对经营者的利益要求，一般用于企业较高层次的经营预算。

(1)以利润为核心的预算管理模式的特点

以利润为核心的预算管理模式的特点是企业"以利润最大化"作为预算编制的核心，预算编制的起点和考核的主导指标都是利润。具体而言，以利润为核心的预算管理模式的特点体现为以下三点：①以平均利润率理论作为理论依据。由于各个部门都力图追逐较高的利润率，把资本从利润率较低的部门转移到利润率较高的部门，从而利润率较高的部门会由于资本大量流入、生产规模扩大和产品供给的增加导致商品价格降低和利润率下降；而利润率较低的部门则会由于资本大量流出、生产规模缩小和产品供给减少导致商品价格上升和利润率提高。根据平均利润学说，等量资本要获得等量利润。因此，当投资者付出一定的投资额之时，就可以合理地对其要求的报酬进行量化预测，即投资者要求的报酬是通过总投资额乘以平均利润率得出的，以此为基础和出发点，投资者就可以合理地编制出各种预算来控制和保证目标利润的实现。②预算目标的主体是出资人。伴随企业规模的扩大，企业组织形式也进行了根本性的变革。许多大企业为了提高效率、整合资源优势，不约而同地采用了集团公司模式。在这种组织模式之下，母公司的主要职责是负责整体的协调运作，而各子公司的经营权和所有权分离，即经营权由各子公司控制，所有权却归母公司所有，母公司一般不对子公司的具体业务进行干涉，母子公司之间的关系为简单的投资与被投资的关系。母公司对于公司的控制考核也主要是通过投资报酬率或利润指标来进行。这种以出资人为预算目标主体的模式，有助于理顺母子公司之间的关系，既能充分放权给各子公司，又能利润指标来激励了公司，从而有效提高了整个集团公司的运作效率。③以利润作为预算目标。以利润作为预算目标有助于实现企业价值的最大化，也会促使企业千方百计增加收入、降低成本，以保证目标利润能顺利实现。

当然，企业在制定目标利润的同时必须依照国家相关会计法规制度，详细制定本企业的会计政策，建立健全内部控制制度，以保证计算出的会计利润真实并保持一致。对于企业集团，在给各子公司下达利润指标时也必须明确利润计算的口径，以保证预算目标的唯一性和有用性。

(2)以利润为核心的预算管理模式的预算体系

以利润为核心的预算管理模式的预算体系基本上与以销售为核心的预算管理模式相同，主要包括利润预算、销售预算、成本预算及现金预算。在利润预算模式下，利润预算的确定是关键。

利润预算是将企业整体利润预算总额分解、落实到各二级单位编制而成，它有助于通过各二级单位在完成自身具体利润预算目标的基础上实现企业的整体利润预算目标。它是以利润为核心预算管理模式下预算体系的起点，具体还应当包括企业整体和各二级单位为实现利润预算而编制的销售预算、生产预算、供应预算以及成本费用预算等经营预算。

编制利润预算的关键点就是确定合适的预算利润数。一般而言，确定预算利润要以企业历史成本资料为基础，根据对未来发展的预测，充分考虑产品结构、成本、技术、供求关系以及价格等因素的相互关系及其对利润指标的综合影响，在反复研讨、充分论证的基础上加以确定。

具体而言，编制利润预算、确定预算利润时必须遵循以下四个原则：①预算利润应当具有战略性。预算利润的战略性是指企业在制定预算利润时，要充分考虑企业发展的长远规划，而不能只顾眼前利益。企业编制预算不仅是为了企业在短期内保持活力和竞争优势,更是为了企业在持久的竞争中保持不败。②预算利润应当具有可行性。预算利润的可行性是指预算利润不能制定得太高以免难以实现,预算利润制定过高不仅不能提高运作效率,相反还会挫伤管理人员的积极性,起到负面作用;同时,预算利润也不能制定得过低,否则管理人员轻轻松松就能达到目标利润,预算也就失去了意义。③预算利润应当具有科学性。预算利润的科学性是指目标利润的制定不是主观臆断,而是通过大量的资料收集和整理,并以其为依据,采用科学的方法制定。④预算利润应当具有统一性。预算利润的统一性是指预算利润必须与企业总体的财务管理目标协调一致。由于单纯的利润指标没有考虑货币时间价值和风险与报酬的关系,在制定预算利润时有必要考虑到其他财务管理目标,以保证最终真正实现企业价值的最大化。

2. 以利润为核心预算管理模式下预算编制的一般程序

(1)母公司确定各子公司的利润预算数并下达给子公司

母公司确定各子公司利润预算数的方法通常有以下两种。

第一种是根据对子公司的投入资本总额以及投资者要求的必要报酬率确定预算利润数。用公式表示就是:

预算利润数＝对子公司的投入资本总额×投资者要求的必要报酬率

第二种是根据子公司上年的利润数结合预算年度实际经营情况的变化做一定的调整,确定预算利润数。用公式表示就是:

预算利润数＝子公司上年利润实际数×(1＋利润调整系数)

在确定了各子公司的利润预算数之后,可以根据下述公式计算求得母公司的汇总收益:

母公司汇总收益＝Σ各子公司目标利润总额－母公司管理费用

(2)子公司与母公司就母公司初拟的利润目标进行协商

由于母子公司之间信息的不对称,母公司初拟的利润目标未必就反映了子公司的实际经营潜力,如果母公司下达的利润目标过高,肯定会受到子公司的抵制;反之,如果母公司下达的利润目标过低,则可能使预算削弱甚至失去控制、激励的作用。此外,由于母子公司之间的利益并非完全同步,也会使得子公司势必与母公司之间就目标利润进行讨价还价。

(3)子公司根据母公司正式下达各子公司的年度利润指标编制预算

子公司以其与母公司协商后确定的目标利润为起点,编制财务预算及其他重要的经营预算,将目标利润层层分解、层层落实,并将预算情况上报至母公司。

(4)母公司汇总各子公司的预算，编制全公司预算

母公司根据各子公司上报的预算汇总编制集团公司预算，并以此对集团公司总体利润目标的实现情况进行监控，确保利润目标最终实现。

3. 以利润为核心预算管理模式的适用范围及优缺点

(1)适用范围

以利润为核心的预算管理模式主要适用于以下两种企业：①以利润最大化为目标的企业。如果企业的目标是追求利润最大化，则在预算管理中一般都会选择以利润为核心的预算管理模式。②大型企业集团的利润中心。在大型企业集团一般都设有若干责任中心，其中利润中心一般选择以利润为核心的预算管理模式。

(2)优缺点

以利润为核心的预算管理模式的优点主要包括三个方面内容。①有助于使企业管理方式由直接管理转向间接管理。预算利润通过预算编制得到具体落实，预算表的约束作用与企业集团的激励机制相配合，进一步激发预算执行者的工作主动性。一般情况下，预算一旦编制完成就不能随便更改。随着企业集团规模的扩大，所有者不可能对企业所有管理事务都事必躬亲，企业集团的高层管理者也不可能过问企业工作的所有细节，而通过以利润为核心的预算系统对执行情况检测，企业所有者就能够迅速把握企业的运转情况，从而有更多的精力和时间去考虑企业的发展战略，把握企业全局。企业集团的高层管理者和所有者通过对预算利润的把握，一般就能够实现对企业的全面管理，把管理方式由直接管理转为间接管理，既能够把握全局，又能够提高效率，真正做到事半功倍。②明确工作目标，激发员工工作的积极性。企业集团的预算利润一旦确定，就会通过层层分解的方法落实到每个二级单位、车间、班组甚至个人。这就使得每位员工在预算期间的工作任务透明化，以此配合企业的薪酬激励方案，每位员工都能够明白自己在预算期内的工作任务及其与薪酬的关系，从而想方设法努力完成预算期内各自的工作任务，最终确保整个企业预算利润的实现。③有利于增强企业集团的综合盈利能力。在以利润为核心的预算管理模式中，利润除了是财务预算编制的起点，也是预算的结果和前提。这就使得利润不再是追求销售和成本的结果，表现为一种被动性，而是为了追求利润目标，确定销售和成本必须保持怎样的水平，表现为一种主动性。通过把握这种主动性，企业主要着力于扩大销售和内部挖掘，从而维持企业的竞争能力，增强企

业集团的综合盈利能力。

以利润为核心的预算管理模式的缺点主要有以下三个方面：①可能引发短期行为，使企业只顾预算年度利润，忽略企业长远发展；②可能引发冒险行为，使企业只顾追求高额利润，增加企业财务和经营风险；③可能引发虚假行为，使企业通过一系列手段虚降成本，虚增利润。

(三)成本预算管理模式

1. 以成本为核心的预算管理模式的含义

以成本为核心的预算管理模式是以成本为核心，预算编制以成本预算为起点，预算控制以成本控制为主轴，预算考评以成本为主要考评指标的预算管理模式。它在明确企业目前实际情况的前提下，通过市场调查，结合企业潜力和预期利润进行比较，进而推出企业目标成本，加以适当地量化和分类整理，形成一套完善的预算指标，进而将之分解落实到各级责任单位和个人，直至规划出达成每个目标的大致过程，并明确相应的以成本指标完成情况为考评依据的奖惩制度，使相关责任单位和个人权责利紧密结合。在企业生产经营过程中跟踪成本流程，按照预算指标进行全过程的控制管理。

2. 以成本为核心的预算管理模式下预算编制的一般程序

在以成本为核心的预算管理模式下，预算编制主要包括三个基本环节：

(1)设定目标成本

目标成本的设定是整个以成本为核心预算管理模式的起点，从技术上看，一般有两种方式。①修正方式。修正方式是在企业过去达到的成本管理水平上，结合企业未来成本挖掘的潜力及相关环境变化，对历史成本指标进行适当修正以得到当期目标成本的方式。采用此方式设定企业目标成本时除了要弄清可能对企业成本产生影响的一切内外部因素，还要明确这些因素对成本降低或升高的不同影响，同时根据对预算期间这些因素的可能变化趋势来调整历史成本指标以求得目标成本。在具体设定目标成本的过程中有两个问题需要特别注意：一是在分析预算期间可能对目标成本产生影响的因素时，既要看到企业内部的相关因素，也要充分重视企业外部因素的影响作用，比如原材料价格的涨落、同行业的竞争乃至国际贸易发展趋势和国际政治经济状况等都需要认真考虑并在企业目标成本的设定中有所体现；二是在确定目标成本时还要结合企业的战略目标、实际技术水平以及管理工作基础进行修正，切忌将目标制定得过高。②倒推方式。倒推方式是企业在进行充分的市场调查、初步明确企业的产品售价以及市场占有份额的基础上，确定企业的预期收益，结合企业预期利润，倒推出企业目标成本的一种做法。用公式表达为：

$$目标成本＝预期收益－预期利润$$

$$目标单位产品成本＝预期单位产品售价－预期单位产品利润$$

其中，预期单位产品售价可以通过与同行业同类产品的横向比较或与本企业历史水平的纵向比较，结合预算期间企业的相关状况确定。

从理论上讲，目标成本主要包括理想的目标成本、正常的目标成本和现实的目标成本三种：①理想的目标成本是以现有的生产经营条件处于最优状态为基础确定的最低水平的目标成本。它通常是根据理论上的生产要素耗用量、最理想的生产要素价格和可能实现的最高生产经营能力利用程度来制定的。由于这种目标成本未考虑客观存在的实际情况，提出的要求过高，很难实现，反而不能很好地起到目标激励的作用，不宜作为业绩考评的依据，因此在实际工作中较少采用。②正常的目标成本是根据正常的消耗水平、正常的价格和正常的生产经营能力利用程度制定的目标成本。这种目标成本是依据过去较长时期实际成本的平均值，剔除生产经营活动中的异常情况，并考虑未来的变动趋势制定。因为这种目标成本是一种经过努力可以达到的成本目标，并且在生产技术和经营管理条件没有较大变化的情况下不必修订，所以，在经济形势稳定的情况下得到了广泛的应用。③现实的目标成本又可称为达到的目标成本，是在现有生产技术条件下进行有效经营的基础上，根据下一期最可能发生的各种生产要素的消耗量、预计价格和预计的生产经营能力利用程度而制定的目标成本。这种目标成本可以包含管理层认为短期内还不能完全避免的某些不应有的低效、失误和超量消耗。由于其最切实可行，最接近实际成本，因此不仅可以用于成本控制，也可以用于存货计价。但由于目标容易达到，因此也相对缺乏激励作用。

在制定目标成本时需要注意以下原则：①充分考虑未来。制定科学、合理的目标成本不仅要认真分析历史资料，还要充分考虑未来经济形势的变动、市场变化以及企业自身因素的变化等，在历史水平的基础上进行适当的修正。②目标成本的先进性与可行性。目标成本应该制定在比较先进的水平上，需要经过努力才可以达到，以激励员工挖掘降低成本的潜力。但是，目标也不能设定过高，以免缺乏可行性，挫伤员工的工作积极性。③全员参与。在目标成本制定过程中要充分调动全体员工的生产积极性，吸引全体员工共同参与。这样制定出的目标成本才能充分发挥其应有的激励作用。

(2) 分解落实目标成本

目标成本确定之后，下一步应将各成本预算指标按照一定的要求，采用一定的形式和方法，细化为各责任单位和个人的具体目标，并通过对这些细化后落实到各责任单位和个人指标的考评、控制和奖惩中来确保目标成本的实现。

在目标成本分解过程中需要注意以下原则：①结合企业产品生产、技术和经营管理的特点。企业无论采用哪种目标成本分解方法都应该结合企业自身特点，因地制宜，考虑目标分解后的落实、控制、分析和考评的要求，既要便于责任划分，使分解后的具体目标都能得到落实，又要有利于落实、控制、分析和考评，使分解后的具体目标能够真正成为企业共同努力的方向。②要根据成本的具体内容，尽量细化目标成本。细化目标成本有利于全面、具体地落实目标成本，进而更好地控制、分析和考核。如果目标分解得不彻底、不细致，就不便于落实、控制、分析和考评，达不到预期效果。③要注意目标成本分解过程中的一致性原则。对此，一方面要保证分解后的各子目标之和与被分解的目标值相等，即目标总成本等于各子目标成本之和，使得各责任单位和个人在完成了自身目标成本的同时，企业整体目标成本也得以实现；另一方面，要按照目标成本的特性要求，使分解后的子目标具体化、数量化，各子目标之间协调一致，形成一个有机的目标成本体系。

目标成本的分解方法一般可以从以下三个方面考虑：①将目标成本沿成本控制的对象进行分解。其具体种类又包括以下五种：一是按产品结构分解。在装配式、组合式的生产企业应按产品的结构分解各构件、部件的目标成本，进而分解零配件的目标成本。二是按产品功能分解。借助价值工程方法，通过功能系统图确定产品功能区域，然后将产品的目标成本依次按照产品大功能区域、中功能区域和小功能区域进行细分，具体化为各小功能区域的目标成本。三是按产品的加工过程分解。即把产品的目标成本按产品设计、物资采购、加工制造、产品销售等过程分别分解、核定目标成本。四是按产品的经济状态分解。即把产品目标成本按照固定成本和变动成本进行分解。五是按产品的成本项目分解。即按照料、工、费等成本项目对目标成本进行分解，分解之前必须预先确定成本项目要素，至于成本项目要素应当细化到何种程度，应视具体情况而定。②将目标成本沿成本控制的主体进行分解。即按照企业组织管理系统，比如子公司、车间、班组、个人或按照经济责任制系统，即各级责任单位和个人进行分解，分解后形成一个由责任单位和个人组成的子目标控制体系。如果企业能够按人分解目标成本，无疑可以将目标成本归属为人这一能动的行为主体，从而激励企业各层次、各环节和各方面人力资源的积极能动性与创造性、责任感与成本意识，保障目标成本的顺利实现。③将目标成本沿成本控制的时间序列进行分解。例如，按年、季、月、周、日等进行分解，分解后形成一个用时间段表示的子目标体系。其中，包括年度、季度及月度目标成本等。

（3）实现目标成本

企业内部对目标成本负有责任的各级责任单位和个人，在成本形成过程中，根据事先制定的目标成本，按照有关原则对各级责任单位和个人日常发生的各项成本和费用进行严格的控制、分析、调整和考评，以保证目标成本的实现。对此，需要做好以下四方面工作：①建立会计责任制度，保证成本指标落实到责任单位。具体做法是：为每个责任中心编制成本预算作为日常成本控制的依据；定期编制各责任中心实绩报告，同企业预算对比，发现差异、分析原因并及时采取应对措施；根据各责任中心的考评结果进行奖惩，使责权利紧密结合。②建立成本信息反馈系统，及时反映成本目标控制的偏差。企业在目标成本实现的过程中，要建立一个成本信息反馈中心，及时反映实际成本与目标成本的差异，揭示差异产生的原因，以便于企业采取有效措施纠正偏差，保障目标成本的实现。企业全面预算和责任预算已经把企业生产经营活动的全部过程和环节以及完成这些预算的责任目标都做出了比较明确的规定。为了能够适时地掌握和控制整个企业预算执行的情况与各级责任单位和个人责任预算的履行情况，就需要建立及时、高效的有关预算执行情况的信息反馈系统，以便企业管理层和各方管理者及时了解预算执行的进展情况，并根据反馈信息做出相应的决策，保证企业全面预算管理目标的实现。③健全岗位责任制度。为确保目标成本的实现，在企业管理中要注意健全岗位责任制度，做到因岗设人、竞争上岗和定期培训，明确各岗位职责，规范操作流程，鼓励人才竞争，提高工作效率。④建立目标成本实现与业绩挂钩的奖惩制度。企业为了使利益激励与风险约束机制同时发挥作用，确保目标成本的实现。首先要建立健全、科学、合理的责任奖惩制度，与成本预算考评结果挂钩，促使各级责任单位和个人自觉主动地去执行成本预算，促进目标成本的实现，使得各级责任单位和个人的奖惩有规可依。其次，要严格执行奖惩制度，无论何级单位和人员都一视同仁，做到有规必依，违规必究。

3. 以成本为核心的预算管理模式的适用范围及优缺点

(1)适用范围

以成本为核心的预算管理模式主要适用于以下企业：①产品处于市场成熟期的企业。在这一阶段，由于市场增长速度放慢，销售份额增长空间不大但相对稳定，此时企业经营风险较低，现金流等各项指标均相对稳定。为提高企业效益，可供选择的较好方案是严格控制成本支出。②大型企业集团的成本中心。在大型企业集团一般都设有若干责任中心，其中成本中心一般选择以成本为核心的预算管理模式。

(2)优缺点

以成本为核心的预算管理模式的优点主要有以下两方面：①有利于促使企业采取降低成本的各种办法，不断降低成本，提高盈利水平；②有利于企业采取低成本扩张战略，扩大市场占有率，提高企业成长速度。

以成本为核心的预算管理模式的缺点主要有以下两方面：①可能会只顾降低成本，而忽略新产品开发；②可能会只顾降低成本，而忽略产品质量。

(四)现金流量预算管理模式

1. 以现金流量为核心预算管理模式的含义

以现金流量为核心预算管理模式就是主要依据企业现金流量预算进行预算管理的一种模式。现金流量是预算管理模式下预算管理工作的起点和关键所在。

在企业发展日趋成熟、企业组织规模增大、会计处理方法日趋复杂的背景下，传统的非现金流量预算越来越不能满足企业管理者和决策者的需要，以现金流量为核心的预算管理模式显得尤为重要。

以现金流量为核心预算管理模式有两种形式：①企业日常财务管理以现金流量为起点的预算管理模式；②产品处于衰退期的企业以现金流量为核心的预算管理模式。二者均对企业的现金流量管理极为重视。

以现金流量为核心预算管理模式更多的意义上是从财务管理的角度出发，前述以销售、利润以及成本等为核心的预算管理模式则是从企业管理角度而非单纯的财务管理角度出发，具有较强的管理导向性。但是，这些模式与以现金流量为核心的预算管理模式之间具有很强的功能上的互补性和模式上的兼容性。以现金流量为核心预算管理模式的预算体系主要由以下项目组成。

(1)现金流量预算

现金流量预算是以现金流量预算为核心预算管理模式的预算体系中预算编制的起点，也是最为关键的环节。在合理、科学、准确地编制现金流量预算的基础上，企业还应当编制相应的包括资产负债表等预算在内的财务预算。

现金流量预算是按照收付实现制的原则来全面反映企业生产经营活动的一种预算，其编制通常包括现金流入和现金流出。现金预算有利于企业合理规划现金收支，协调现金收支与经营、投资、融资活动的关系，保持现金收支平衡和偿债能力，同时也为现金控制提供依据。短期现金预测一般按年度、季度进行，还可以进一步按月或更短的时间进行。现金预算依据的数据资料主要有经营预算、资本预算、利润预测或预计利润表、筹资计划及现金收支的历史资料等。编制方法主要有现金收支法和净收益调整法。

①现金定义。现金流量预算的第一步就是划清现金与非现金的界限。根据《企业会计准则——现金流量表》的规定，这里的现金不仅指狭义的现金（即企业的库存现金以及可以随时用于支付的存款），还包括现金等价物（即企业持有的期限短、流动性强、易于转换为已知金额、价值变动风险很小的投资）。企业编制现金预算时可以根据需要灵活选择采取何种现金概念。

②现金流入预算。现金流入预算又包括以下三方面内容：第一，经营活动产生的现金流入。经营活动是企业投资活动和筹资活动以外的所有交易和事项。具体来讲，经营活动产生的现金流入一般包括销售商品、提供劳务收到的现金、收到的租金、收到的增值税销项税额和退回的增值税税款；收到的除增值税以外的其他税费返还，收到的其他与经营活动有关的现金流入；销售商品、提供劳务收到的现金则依赖于企业的销售预测以及企业的信用政策。其中，其余的预算数主要依靠逐项分析确定，因为该项现金流入不仅受实际销售情况影响，还要受到销售资金回笼情况的制约。第二，投资活动产生的现金流入。投资活动是企业长期资产的购建和不包括现金等价物范围内的投资及其处置活动。具体来讲，投资活动产生的现金流入一般包括：收回投资所收到的现金（包括投资本金和投资收益）；分得股利或利润所收到的现金；取得债券利息收入所收到的现金；处置固定资产、无形资产和其他长期资产而收到的现金净额；其他与投资活动有关的现金收入。现金流入预算中投资活动产生的现金流入金额的确定可以根据企业的投资计划、更新改造计划以及有关的资本经营项目规划来确定。第三，筹资活动产生的现金流入。筹资活动是导致企业资本及债务规模和构成发生变化的活动。这

里的资本包括实收资本(股本)、资本溢价(股本溢价);这里的债务是指企业对外举债所借入的款项。具体来讲,筹资活动产生的现金流入一般包括:吸收权益性投资收到的现金;发行债券收到的现金;借款收到的现金;与筹资活动有关的其他现金收入。现金流入预算中筹资活动产生的现金流入金额的确定主要依据企业的筹资计划。

③现金流出预算。现金流出预算包括以下三个方面内容:第一,经营活动产生的现金流出。经营活动产生的现金流出主要包括:购买商品、接受劳务支付的现金;经营租赁所支付的现金;支付给职工以及为职工支付的现金;支付的增值税税款;支付的所得税税款;支付的除增值税、所得税以外的其他税费;支付的其他与经营活动有关的现金。其中,支付给职工以及为职工支付的现金可以根据企业的薪酬计划以及上年度实际的薪酬水平加以确定;购买商品、接受劳务支付的现金则主要依据企业的采购计划以及货款的结算方式加以确认,其余可以逐项分析确定。第二,投资活动产生的现金流出。投资活动产生的现金流出主要包括:购建固定资产、无形资产和其他长期资产所支付的现金;企业购买股票等权益性投资所支付的现金;企业为购买除现金等价物以外的债券而支付的现金;其他与投资活动有关的现金流出。与投资活动有关的现金流出金额的预算数的确定主要是依据企业的投资计划。第三,筹资活动产生的现金流出。筹资活动产生的现金流出主要包括:偿还债务所支付的现金;发生筹资费用所支付的现金;偿付利息所支付的现金;分配股利或利润所支付的现金;偿付利息所支付的现金;融资租赁所支付的现金;减少注册资本所支付的现金以及与筹资活动有关的其他现金流出。与筹资活动有关的现金流出金额预算数的确定主要依据企业的资本结构以及有关的借款合同和投资契约。

(2)经营预算

企业还应当认真编制并执行包括销售预算、生产预算、供应预算、成本费用预算以及利润预算等在内的各项经营预算。

(3)资本支出预算

在有重大资本活动的情况下,企业还应编制并执行相应的资本支出预算,并据以进行预算考评与激励。

2. 以现金流量为核心的预算管理模式下预算编制的一般程序

以现金流量为核心的预算管理模式下,预算编制的程序通常是采用先自上而下、再自下而上多次反复的程序。一般包括以下三个步骤:①资金管理部门根据各组织单位的责任范围下达现金预算应包括的内容和格式。只发生现金流入的部门编制现金收入预算；只发生现金流出的部门编制现金支出预算；既发生现金流入又有现金流出的部门，其预算内容应包括现金收入预算和现金支出预算。预算内容至少应包括有关支出额的金额和时间，预算的详略程度视管理的需要而定。②各责任部门根据资金管理部门的要求和自身的实际情况编制相应的现金流量预算并向上提交，逐级汇总。③资金管理部门将各组织单位编制的现金流量预算进行汇总。

按照"量入为出"的原则进行统筹安排，并将预算的调整数通知各下级预算编制单位并与之进行协商，二者协商一致的金额就是最后敲定的现金流量预算数。

3. 以现金流量为核心的预算管理模式的适用范围和优缺点

(1)适用范围

以现金流量为核心的预算管理模式适用于以下企业。①产品处于市场衰退期的企业。根据产品的生命周期理论，任何一种产品都包括开发期、成长期、成熟期以及衰退期四个阶段。衰退期，由于产品已被市场抛弃或出现了更为价廉物美的替代产品，产品的市场份额急剧缩小。如何做好现金的回流工作以及如何寻找新的投资机会以维持企业的长远生存就成了财务工作的重点。可见，在该阶段以现金流量预算作为整个预算管理体系的核心是由现阶段的生产经营特点所决定的，有其必然性。②财务困难的企业。当企业出现财务困难、现金短缺时，也应该采用以现金流量为核心的预算模式，以便摆脱财务危机。③重视现金回收的企业。有些企业虽然不存在财务危机，但理财比较稳健，重视现金流量的增加，这样的企业也应采用以现金为核心的预算管理模式。

(2)优缺点

以现金流量为核心的预算管理模式的优点有以下四点：①有利于增加现金流入；②有利于控制现金流出；③有利于实现资金收支平衡；④有利于尽快摆脱财务危机。

以现金流量为核心的预算管理模式的缺点有以下两点：①预算中安排的资金投入较少，不利于企业高速发展；②预算思想比较保守，可能错过企业发展的有利时机。

需要注意的是，以上预算管理模式在实际工作中并无绝对的界限，往往需要结合运用。例如，企业在实施以利润为核心预算管理模式的同时，为加强对企业成本费用的控制，还可以采用以成本为核心的预算管理模式；对于新开发或对企业关系重大的特定产品和市场，可以专门实施以销售为核心的预算管理模式；而当企业应收款项较多时，则应适当推行以现金流量为核心的预算管理模式。

第三章
预算管理在企业管理中的地位与作用

第一节　预算管理控制与战略管理控制
第二节　预算管理在企业管理控制系统中的地位
第三节　预算管理在企业管理控制系统中的作用
第四节　以预算管理为导向的管理控制体系在企业管理中的应用

第一节　预算管理控制与战略管理控制

一、预算管理控制

(一)预算管理控制的目标

预算管理控制的目标主要包括三方面：①贯彻执行企业财务规范、标准、制度，落实财经纪律，保证企业的预算管理顺利进行；②加强和规范企业财务管理，合理安排经费项目，提高企业经费使用效益；③控制经费使用程序，规范财务人员行为，落实收支计划，促使各项事业更快更好地完成。

(二)预算管理控制基本流程

预算管理控制的基本流程主要有五个方面：①预算编制；②预算执行；③预算调整；④决算管理；⑤预算监督与考评。

(三)资本预算的控制

对于资本预算，在控制的时候并非仅仅是压制支出，还应该根据实际情况的变化，随时调整支出项目，使资本资产的取得、维护、重置等能够顺利进行，一旦发生无法预计和解决的问题，需要及时停止资本支出项目，以最大限度地减少损失。资本预算的控制分为以下三个阶段：

1. 第一阶段：正式授权进行特定资本项目的计划

对主要的资本支出计划，需要最高管理部门批准，批准的形式可以是正式或非正式的通知。相应地，对重要性程度递减的资本性支出计划，则由负责相应级别的管理部门授权即可。

2. 第二阶段：资本支出项目进行中的支出控制

一旦资本性支出项目经过批准并开始实施，应立即设立专门档案记录发生的成本费用支出，并根据责任范围编制工作进度作为补充资料。每个资本支出项目的进展情况都应该每隔一段时间呈报至相应的管理机构，重要的资本项目则需要呈报至企业的最高管理部门审核。呈报的项目应包括成本项目、收入项目、进度报告及其他需说明的情况：①成本项目。成本项目中应列明资本项目的预算金额，到报告期为止的累计支出和尚需支付的待付款项，预算中未使用的金额，已经超过或低于确定支出的数额。②收入项目。如果资本项目投入后马上就可以产生收益，或在报告期内产生了收入，则应在报告中列明收入数额及取得收入的原因和方式等。③进度报告。进度报告中需要说明项目的开始日期，预计的进度表，实际的进展程度，预计项目完成尚需的时间。④其他需要说明的情况。没有包括在上述三个项目中，但又比较重要的问题可以放在这个项目中，如项目的质量，一些事先没有估计到的问题等。

3. 第三阶段：资本项目完成后的记录归档

项目完成后，关于该项目的资料档案也要记录完毕，实际情况，预算情况以及两者的对比、分析、解决，项目的验收和试运行情况等都包括在内。这些档案资料经相应管理机构核准后可以归档。

经过以上阶段，对资本支出预算的控制已经基本完成，但如果是重大的资本支出项目，还需要跟踪观察，进行定期研究，确定该项目是否产生当初分析时所预期的结果。这样的考察是十分必要的，因为可以对初始分析的适当性提供良好的测验，还可以为将来的经营决策提供有价值的参考资料。

（四）业务预算的控制

业务预算中包括的生产预算、销售预算、成本费用预算都是预算控制的内容。

1. 生产预算的控制

（1）产量预算的控制

产量会受到销售预算和存货预算控制结果的影响。一般来说，产量预算控制的指导原则应包括对每项或每类产品决定其标准存货周转率；利用每项或每类产品的标准存货周转率和销售预测值来决定存货数量的增减；预算期内的生产数量就等于销售预算加减存货的数量。

总之，产量预算的控制必须符合管理控制政策，使生产稳定，将存货数量保持在最低安全存量以上，但要使之处在可能的最低水平，处在管理决策所决定的最高存货量以下。

（2）直接材料预算的控制

直接材料预算控制的基本目的有两方面：一方面，通过预算控制使相关人员能够在最适当的时候发出订单，以适当的价格和质量获得适当数量的直接材料；另一方面，通过控制使材料消耗符合预算标准，将损失控制在确定的范围之内。有效的直接材料存货控制必须做到：①供应生产所需的材料，保证生产的连续性；②在供应短缺时(季节性等因素造成)，设法提供充足的材料供应，并预期价格波动；③以最少的时间和成本处理储存材料，并避免火灾、盗窃等意外情况及减少自然消耗；④系统地报告材料状况，使过期、过剩、陈旧的材料项目损失降到最低程度。这些要求可以通过定期汇报、定期检查、限定材料存货量最低和最高等手段来实现。

直接材料消耗控制应该使生产过程中的材料消耗控制在预算标准范围之内，尽量减少不必要的浪费和损失，提高材料利用率。实现直接材料消耗控制的方法有限额领料制、配比领料制、盘存控制法。在使用这几种方法的时候，要注意严格执行标准，如果有超标现象，需要说明原因，并经有权作出决策的部门和人员批准。

(3) 直接人工预算的控制

有效的直接人工预算控制取决于各级主管人员的持续监督和观察以及主管人员与员工的接触。直接人工预算中最重要的环节是单位小时人工标准的确定，工作流程的规划及物料、设备的布置安排都会对直接人工总成本产生影响。同时，在一定的工时标准基础上，员工的工作效率如何会直接影响生产数量和质量。所以，对直接人工的预算控制可以从两个角度着手。①通过控制人工标准和员工人数，控制工资费用总额。从最终的财务结果来讲，总的工资费用才是直接相关的，所以必须对总的工资费用进行预算控制，主要从两方面进行。首先，要控制员工工资、奖金等的支付标准，结合国家、行业的相关规定和企业的实际情况制定出适合本企业的人工支付标准；其次，要控制员工人数，遵守定员标准，增减员工要通过一定的审批程序来进行。②监督劳动生产率情况。监督劳动生产率主要是控制生产工人的出勤率、工时利用率及工时定额的完成情况，目的在于通过提高劳动生产率来提高产品产量，从而降低单位产品成本中的工资费用。但是，也不能盲目地追求产量增加，还要注重对产品质量的控制。

(4) 制造费用预算的控制

制造费用预算控制的基本原则是区分可控和不可控因素。制造费用预算控制中的可控因素与材料和人工预算控制都有关联，制造费用中的材料和人工控制方法可以参照直接材料和人工的预算控制。制造费用预算控制中的不可控因素，如分摊来的折旧和管理费用等，只能由负责计算分摊这些费用的部门实施控制、调控费用总额和分配给相应受益部门的份额。接受这些间接费用的部门则无须承担控制责任。

2. 销售预算的控制

在销售预算的控制过程中，关注目标应该集中于销售价格和销售数量，监督两者在预算期间的变化，具体可以采取以下三点措施：①将销售预算涉及的地区划分为若干部分，每部分由专人负责，如分区销售经理；②建立销售预算完成计划时间进度表，随时检验预算完成情况；③建立有效的预算评估程序，对每阶段预算执行情况进行评价。

另外，在销售预算中还涉及了对产品期初、期末存货的考虑。由于各种环境的影响，销售量的波动会比较频繁，为了生产的稳定，对存货的预算也应该进行控制，使存货数量处在安全的最低存量和最高存量之间。

3. 成本费用预算的控制

（1）成本预算的控制

成本预算是对直接材料、直接人工、制造费用预算的总结概括，因此，成本预算控制就是站在一个更高层次视角对产品总成本监督，而不是分项目的详细控制。如果在以销定产，而且在从目标利润倒推生产成本的情况下，对成本预算的控制就是直接材料、直接人工和制造费用预算的编制基础，通过成本预算中要求的各项目的完成情况，详细制定各项目的控制措施。

（2）销售费用预算的控制

销售费用可以分为变动销售费用和固定销售费用，对这两种销售费用的控制方法也不同。变动销售费用是指与产品销售数量成正比例变动的费用，如销售佣金、包装费、运输费等。对于变动销售费用，一般应在不影响销售的前提下控制其单位消耗，如通过采用更科学的打包技术，降低包装物的消耗，从而减少单位产品的包装费。固定销售费用是指与产品销售数量没有直接关系的销售费用，如广告费、销售部门管理人员的工资等。由于固定销售费用与销售量没有直接关系，因此，控制的时候以总额控制为主，如限定预算期间用于广告费用的支出金额。

（3）管理费用预算的控制

管理费用预算由许多明细项目组成，对于不同项目的费用，应采用不同的控制方法，但就费用水平而言，应采用费用预算总额控制的方法。例如，对于可能发生的坏账，事先应该按照应收账款的一定比率和账龄长短核定预算年度的坏账准备，如果实际发生的坏账超过了预算数额，则在核销的时候应该由有权控制的部门核准，在查找发生超额坏账的原因后写出报告。

（五）筹资预算的控制

筹资预算的控制主要是关注筹资方案的可行性、筹资渠道与方式的合法性、筹集资金使用的合理性、筹资风险的可控性。

企业应当根据经营和发展战略的资金需要，确定融资战略目标和规划，结合年度经营计划和预算安排，拟订筹资方案，明确筹资用途、规模、结构和方式等相关内容，对筹资成本和潜在风险做出充分估计。如果是境外筹资，还必须考虑所在地的政治、经济、法律、市场等因素。企业应组织相关专家对筹资方案进行可行性论证，可行性论证是筹资预算控制的重要环节。通过可行性论证的筹资方案，需要在企业内部按照分级授权审批的原则进行审批，重点关注筹资用途的可行性。重大筹资方案首先需提交股东（大）会审议，其次需经有关管理部门的批准，最后履行相应的报批程序。企业应根据审核批准的筹资方案，编制较为详细的筹资计划，经过财务部门批准后，严格按照相关程序筹集资金。企业要严格按照筹资方案确定的用途使用资金，确保款项的收支、股息和利息的支付、股票、债券的保管等符合有关规定。筹资活动完成后要按规定进行筹资后评价，对存在违规现象的要严格追究其责任。

（六）财务预算的控制

财务预算的控制主要是针对现金预算的，因为通过对前面的各项预算的控制，预计利润表和预计资产负债表已经得到了较好保证，而对现金还没有专门进行管理控制。

良好的现金控制制度是非常重要的，因为现金的多余和不足，特别是不足，给企业带来的潜在影响是无法准确衡量的。

实际的现金收支与预算收支的差异是一定存在的，发生差异的原因可能有现金影响因素的变化、意想不到的情况对生产经营的影响、现金控制不得力。管理部门为了缩小差异，避免出现现金不足的情况，可以采取以下五种方法：①加强应收账款的催收力度；②减少付现费用；③延迟资本支出；④推迟待付的款项；⑤在不影响生产经营的基础上减少存货数量。

一般来说，对现金预算进行控制的方法有两种：第一，对现金及未来可能的现金状况做出适当和连续的评价。这个程序涉及定期评估和截至报告期止所发生的实际现金流动情况，同时对下一期间可能发生的现金流量再预测。第二，保存逐日(或更长间隔期间)的现金状况资料。为减少利息费用，确保现金充足，有条件的企业可以对现有现金状况每天进行评估，这个方法特别适用于现金需要量的波动幅度较大，并且分支机构分散而有庞大现金流动的企业。在实际经济活动中，有很多企业都编制现金收支日报表来控制现金流量。

二、战略管理控制

企业战略管理是关系到企业长期性、全局性和方向性的重大决策问题，是企业在充分分析外部环境和内部条件的基础上，为自己确定的长远性目标与任务以及为实现企业目标而选择的主要行动路径与方法，主要包括战略的分析与制定、战略的评价与选择和战略的实施与控制三个方面。

(一)企业战略管理的特点

同一般的职能管理(如财务、生产、销售等职能)相比而言，企业战略管理具有如下特点。

1. 总体性

企业战略管理是以企业总体为研究对象的，所管理的是企业总体活动，所追求的是企业总体效果，是通过制定企业的使命、目标和战略来协调企业各部门的活动，实现企业的整体发展。

2. 长远性

企业战略管理是对企业未来较长时期内(5年以上)就企业如何生存和发展等问题进行的统筹规划。因此，战略决策者关注的是企业的长远利益，其根本出发点是着眼于未来，是根据过去一段时间企业在经营活动中总结出来的经验和教训以及市场的变化趋势，对企业未来发展方向制定的长期方针和政策。企业战略管理的长远性主要表现在目标的长远性、环境的长远性、措施的长远性。

3. 高层次性

战略管理的主体是企业的高层管理人员，这不仅是由于他们能够统观全局，了解企业的总体情况，更重要的是他们能够对企业总体发展战略进行决策，并具有对战略实施所需要的资源进行分配的权力。

4. 权变性

权变性是指灵活应付随时变化的情况。在企业经营管理过程中，战略制定后不是一成不变的，应根据企业外部环境和内部条件的变化，适时地对其加以调整，以适应变化后的情况，这就是企业战略管理的权变性。

5. 政策性

企业战略管理的政策性包含两方面的含义：一方面，企业战略应同地区经济发展战略和国家总体经济发展的要求相适应，不能违反政府法令的规定；另一方面，企业战略确定后，要进一步在企业内部阐明企业战略的一系列政策，以保证战略能被正确无误地执行。

6. 有限合理性

从企业总体出发对战略进行优化是一个重要原则，但在其贯彻中必然涉及诸多复杂因素，其中还会有相当多的不确定因素。由于决策受到时间和信息不完备的限制，往往只能在若干个新事件许可的范围内寻求令人满意的方案（可能不是理论上的最优方案），此外，战略决策除受理性因素影响外，还要受非理性因素（如组织结构和人的行为因素）的制约。因此，要以有限合理性为基础，考虑到非理性的因素是一个重要的战略观念。

（二）企业战略管理的作用

战略管理作为一种企业管理方式或思想之所以受到人们的青睐，是因为它具有以下几方面的作用。

1. 企业战略管理是决定企业经营成败的关键

研究表明，运用战略管理的企业比不采用战略管理的企业更为成功。战略管理提高了管理者对外部机会与威胁的认识。由于战略管理者将企业的成长和发展纳入了变化的环境之中，管理工作要以未来的环境变化作为决策的基础，这就使得企业管理者更重视对经营环境的研究，从而更好地把握外部环境所提供的机会，增强企业经营对外部环境的适应性，从而达到两者的最佳结合，使企业在市场竞争中获得长久稳定的发展。

2. 企业战略管理是编制经营计划和制定经营政策的依据

企业的战略关系着整个企业发展的方向，涉及的是方向性的大问题，是管理者编制具体经营计划和制定经营政策的依据，在日常生产经营活动中起着纲领性作用。

3. 企业战略管理能够提高企业各项管理工作的效率

由于战略管理不只停留在战略分析及战略制定上，而且将战略的实施作为其管理的一部分，这就使得战略的实施又同日常的经营计划与控制执行结合在一起，也就把近期目标与长远目标结合了起来，把总体战略目标同局部的战术目标统一起来，从而调动了各方面的积极性，有利于充分发挥利用企业的各种资源并提高协同效果。

4. 企业战略管理能够增强企业创新意识

战略管理是一个不断制定战略、实施战略、评价战略和更新战略的过程。当企业决策者发现已有的战略不能适应公司的发展需要时，就要及时修改战略。这一过程要求企业决策者具有创新思维，能淘汰那些陈旧过时的东西，推出符合消费者需要的新产品或新服务，以增强自己的竞争力。

（三）企业战略管理的过程

企业战略管理是对一个企业的未来发展方向制定决策和实施这些决策的动态管理过程。一个规范、全面的战略管理过程可大体分为三个阶段，分别是战略分析阶段、战略选择及评价阶段和战略实施和控制阶段。

1. 战略分析阶段

这一阶段是对企业的战略环境进行分析、评价并预测这些环境未来发展的趋势以及这些趋势可能对企业造成的影响。一般来说，战略分析包括企业外部环境分析和企业内部环境分析两方面。

企业外部环境的战略分析主要是了解企业所处的外部环境（一般宏观环境和行业环境）正在发生或将要发生哪些变化，这些变化将会给企业带来何种影响。具体来说，这些变化会给企业带来哪些有利的影响和机会，或带来哪些不利的影响及威胁，这些机会或威胁将对企业制定战略起限制或约束作用。

企业内部条件的战略分析主要是要了解企业拥有哪些资源和具备哪些能力，这些资源和能力使企业在所经营的行业中处于何种地位，与同行业竞争对手相比，有哪些优势和弱点，这些内部条件是企业决定选择何种战略的基础。

2. 战略选择及评价阶段

这一阶段实质就是战略决策过程，即对战略进行探索、制定及选择。通过战略分析，管理人员对企业所处的外部环境及内部条件有了比较清楚的了解，接下来就可以在此基础上考虑如何制定企业的生存和发展的战略问题。通常，对于一个跨行业经营的企业来说，它的战略选择应当解决两个基本问题：①企业的经营范围或战略经营领域，即规定企业从事生产经营活动的行业，明确企业的性质及服务对象，确定企业以什么样的产品或服务来满足顾客的需求；②企业在某一特定领域的竞争优势，即确定企业提供的产品或服务，要在哪一方面取得超越竞争对手的优势。

一个企业可能会制定出战略目标的多种方案，这就需要对每种方案进行鉴别和评价，以选出适合自身的方案。战略选择本质上是一个对各种方案进行比较和权衡，从而决定较满意的方案的过程。

3. 战略实施和控制阶段

一个企业的战略方案确定后，必须通过具体化的实际行动，才能实现战略及目标。一般来说，可通过以下三方面措施来推进战略的实施。①确定企业自身的规划和配置方式；②对企业的组织机构进行构建，以使新的机构能够适应所采取的战略，为战略实施提供一个有利的环境；③要使领导者的素质技能与所执行的战略相匹配，即挑选合适的企业高层管理者来贯彻既定的方案。

在战略的实施过程中，为了实现既定的战略目标，必须对战略的实施进行控制。将经过信息反馈回来的实际成效与既定的战略目标进行比较，如发现两者有偏差，就应当采取有效的措施进行纠正。如果是由于原来分析步骤、判断有误，或是因环境发生了意想不到的变化而引起偏差时，就需要重新审视环境，制定新的战略，进行新一轮的战略管理过程。

三、预算管理控制与战略管理控制的关系

在企业整个管理控制系统中，预算与战略和经营绩效之间实质上是一种以因果关系为逻辑主线、首尾相连的循环过程。预算管理控制与战略管理控制的关系主要表现在两方面：一方面，在战略管理的前提下，围绕着战略目标的实现来进行预算管理控制，为预算提供了一个可供遵循的框架；另一方面，预算作为一种在公司战略与经营绩效之间联系的工具，可以将既定战略通过预算的形式加以固化与量化，以确保最终实现公司的战略目标。同时，以预算管理确定的标准为依据来衡量管理者的经营绩效，而经营绩效又反过来决定着下一步战略目标的制定和企业是否应当采用既有战略还是实施新战略。企业将制定、执行预算与公司的战略结合起来，有助于调整公司策略，得到有关机遇和挑战的反馈，最终提高公司战略管理的水平。

第三章　预算管理在企业管理中的地位与作用

企业的预算管理制度是影响企业战略最终实现的关键所在。企业在确定战略目标时，既要对现有的资源和能力基础加以考虑，又要超越现有条件限制，这就需要企业具备强大的战略执行力，才能保证战略目标的最终实现。

（一）预算管理控制在战略目标与战略执行之间起到桥梁作用

通过对企业战略目标的层层细化而形成的预算有助于企业战略目标的实现，通过对战略执行情况的跟踪及评价分析，可以及时察觉企业内外部环境的变化，并对企业的战略目标及战略执行重新评审，及时对企业的战略作出调整。因此，企业战略与预算管理之间表现为相辅相成的关系。

（二）预算管理控制是战略目标实现的合理保证

企业的预算管理控制是通过事先制订计划来防范和管理风险的，所以预算管理控制能够保证战略目标最终实现。预算目标的制定和分解必须考虑内部环境的变化，是管理者制定企业的战略目标，选择战略并确定其他与之相关的目标，然后将预算目标在企业内层层分解和落实，是对企业风险容量的确定。预算控制活动是帮助保证经营预算目标实现中风险应对方案得到正确执行的相关政策和程序，是针对企业经营活动中控制风险设置的控制程序。预算差异分析及预算反馈报告是按照企业管理控制的需求对预算执行质量的监控反馈，是对企业经营目标风险控制的保障。因此，企业战略管理与预算管理控制的关系密不可分，不管从战略执行的内在要求看，还是从预算管理控制的发展方向看，战略目标与预算管理控制的有机结合是企业预算管理控制发展的必然趋势。

（三）预算管理控制体系是一种市场导向的战略控制方法

一项战略是否成功要通过战略目标的一些可衡量属性来评价，在预算管理控制体系中，这些可衡量的战略目标属性称为预算控制指标。它是判断公司是否成功的战略方法，及获取期望的未来竞争地位的标志。预算控制指标包含质量、时间、成本降低、收益增长、管理创新及顾客服务或产品性能提升等一些能长期为公司创造盈利的要素，这些要素使公司区别于其他竞争对手，并以此建立起与市场之间积极、稳定的关系。预算控制指标是一种以市场内导向的战略控制手段，它更关心的是公司所处战略环境中与顾客偏好相关的不确定性。在预算管理控制系统中，战略评估是预算管理方法的出发点。正式的战略控制体系通过识别制定战略规划的基础的变化发出需要进行战略修正的信号。对变化的迟钝反应将导致战略无效，而战略控制体系可以通过有效实施预算控制体系建立起来。每个层级的预算管理控制都对应着一套预算管理绩效考评指标，将预算管理绩效考评指标与其目标价值进行对比，就可对相应的管理绩效进行评价，从而对战略进行控制。

预算管理控制体系是一种战略性控制方法，这个体系的优势在于它是一个直接与市场相联系的衡量体系，能够对市场是否发生变化、何时发生变化迅速做出反应。如果在预算标准与实际指标之间出现了实质性差异，管理层就要用预算差异检查的方法对战略管理的各个阶段进行检查，探究其产生的根源。若偏差超出了可接受的范围，管理层就必须检查关键流程；若流程运作正常，则要重新审视战略控制方法。

（四）以预算管理为导向构建企业管理控制系统

如果企业的外部环境在不断地发生变化，而企业各个管理控制环节却静止不变，那么这样的系统环节是无法有效实施战略的，它既没有将战略与实际的运作联系起来，也没有反馈信息和数据来调整、支持战略。运用预算管理控制系统，并以它为基础，整合建立新型的企业管理系统，可以使不同战略之间的实施有效地联系起来。

以预算管理为导向的整合建立企业管理控制系统的有效性表现在以下几方面。首先，预算责任分解将战略控制和战略实施联系在一起。通过预算管理目标和衡量指标将概括性的、鼓舞人的战略与严谨的预算计划联系起来。其次，使战略得到不断地调整，形成战略学习圈。以预算管理为导向的企业管理控制系统为战略提供了反馈。由于预算管理中的衡量指标之间存在着因果联系，因此，当企业发现某项指标在运作过程中未达到预期目标时，便可以根据因果关系层层分析引起这项指标变动的其他指标是否合格。如果不合格，则应找出相关的原因并进行调整；如果均已合格，就应对企业内外部环境重新分析，检查以确定战略的环境因素是否已发生变化，是否需要调整战略。另外，利用预算管理控制系统的概念框架来完成有关战略实施情况的报告和举行定期的以战略为核心的管理会议，通过及时的反馈和持续关注，使战略得到不断地实践、学习和调整。以预算管理为导向的管理控制系统使企业的战略能够随着外部环境的变化而不断地调整，并逐渐成熟。预算管理控制为战略的实施提供了一个可持续的过程。预算是绩效考核的基础,运用预算管理控制系统,将企业的愿景和战略转化为一整套全方位的绩效量度,使科学的预算目标值可以成为公司与部门绩效考核指标的比较标杆。理论研究已经证明,高水准的预算目标对管理者的态度和业绩有积极影响,预算管理在为绩效考核提供参照值的同时,管理者也可以根据预算的实际执行结果去不断修正、优化绩效考核体系,并清楚、明确地解释企业内各层级工作与成果之间的因果关系,确保考核结果更加符合实际,使各层级相辅相成,最后转化为战略的真正落实,真正发挥评价与激励的作用。

第二节 预算管理在企业管理控制系统中的地位

一、预算控制系统的控制原理

控制论认为,一切控制系统所共有的基本特征是信息的交换和反馈过程,利用这些特征可以达到对系统的认识、分析和控制的目的。在企业的管理活动中运用控制论,是指管理对象按照预定的计划和预期的目标运行并保持某种状态,系统在确定整体目标之后,必须通过控制来调整运行机制,纠正偏离整体目标及违反计划的差异,以保证系统运行的最佳适应状态,实现其应达到的目标。

一个闭环反馈控制系统包括执行机构、受控对象、测量机构、控制机构。在这个控制系统中,执行机构将各种要素(如劳动、资金、计划等)输入受控对象中(如经营过程),受控对象运行后产生输出信息,测量系统对这些输出信息进行测量,确定其与控制标准有无偏差,然后根据偏差情况由控制机构采取纠正措施,并由执行系统实施这些纠正措施,重新调整输入,从而保证被控制对象按预定目标实施。

经济控制论的观点认为,闭环的控制系统中存在并输出状态信息,通过反馈使受控量的状态信息参与对系统的控制过程。由于控制系统接收并应用了受控系统实际发生的行为信息,使原有控制程序获得反馈信息的补充和丰富,使控制作用更符合实际情况。在反馈控制系统中,根据反馈作用的方向和受控对象运动方向的相互关系,可以把反馈区分为正反馈和负反馈两种类型。正反馈的经济力作用方向与受控量出现增量的运动方向一致，也就是说，正反馈的经济力作用对受控经济量变化的影响是增加了实际值与期望值之间的差别，继续保持这种正反馈作用，这种差别将越来越大。负反馈刚好与此相反，反馈作用的经济力方向与受控量出现增量的运动方向相反，反馈作用将减少实际值与期望值的差别，若继续保持负反馈的经济力作用，这种差别将越来越小，最终趋于预先设定的期望值。当控制系统受到环境中某种因素的扰动而使系统稳定受到破坏时，负反馈作用能使系统稳定状态得以恢复或重新建立。在企业预算控制系统中，系统通过预算评价系统对内部报告反映的信息进行识别，并区分为有利差异与不利差异，利用预算激励系统对有利差异的形成进行激励、对不利差异进行约束，以起到预算控制作用，这是一种典型的负反馈作用。

企业在预算控制的各个环节中充分体现了闭环反馈系统的一般结构。预算执行过程是企业预算控制系统的控制对象，预算编制过程既是对预算执行的输入过程，它对企业的生产和经营过程进行资源的分配，也是产生生产经营、管理等关键环节的控制标准。预算评价系统是一个测量系统，它要鉴定和识别预算执行系统产生的输出信息，并检查实现值和目标期望值之间的偏差，进而将这一偏差作为反馈信息传输到控制机构。预算控制系统的控制机构由激励系统和执行系统完成，激励系统对偏差信息产生的调节机制作用于预算执行系统，执行系统采取具体措施的制约、激励和协调，以使预算执行回到期望的标准。如此，预算控制系统完成了一个反馈闭环的控制过程。

二、管理控制系统在企业的地位

管理控制系统是指一种管理过程中所形成的权责结构，这种权责结构相应地表现为一定的决策结构、领导结构和信息结构。管理控制体系的决定变量有两种分析观点：一种是战略主导观，这种观点认为"战略决定结构，结构跟随战略"，应将战略视为决定组织构架的唯一变量；另一种是信息支持观，这种观点强调其理论上的纯粹性，难以指导具体的组织实践。而预算管理在企业中的实践证明，通过预算管理可以分解落实战略思想，整合优化资源配置，将控制渗透到公司的各个业务单元，从而带动公司整体管理控制水平的提升。

根据组织构架理论，企业组织管理是由分派决策权的系统、业绩评价系统和业绩奖惩系统的体系构成的。从本质上说，预算的编制是预算目标的分解过程，预算目标的分解过程实际上就是根据企业的战略目标，从全局出发，在充分认识

第三章　预算管理在企业管理中的地位与作用

企业自身资源的基础上，对未来进行预测并对企业各级管理层次的权力和责任进行分解的过程。预算体系中另一个重要过程——预算考评，是将预算执行的实际业绩与预算目标相比较，并以比较结果为依据对责任主体进行评价和奖惩。这说明，全面预算管理体系包括了企业组织所必需的分权、评价和考核机制，因此，全面预算管理构成了企业组织管理的重要部分，其中，全面预算管理与企业信息、财务、人事等职能部门的关联程度尤其大。

企业管理层担负着计划和控制两方面的职能，它们都离不开预算。预算管理在整个企业管理控制系统中占据着核心地位，科学有效的预算管理本身就蕴含着企业的管理控制思想和经营理念，预算是行动计划的量化，它帮助管理层协调计划、贯彻计划和完成计划。系统的预算管理设计可以引导企业进行事前、事中及事后的控制，带动企业整体的制度创新及管理变革。当企业有效的预算管理体系具有管理控制整合的功能时，才能够经受市场、竞争、成本条件的考验，才能发挥控制系统应有的作用。

市场经济不仅带来了市场运作规则，而且要求企业尽可能地适应市场规则与了解市场信息。信息职能部门在全面预算管理中起着至关重要的作用。首先，预算指标的设置就建立在信息职能部门广泛收集行业走向、市场行情、竞争对手策略的基础上。其次，在预算考评中，信息职能部门需提供有关外部因素的变动信息和相应外部市场的可比信息，用以进行差异原因分析。在那些预算失败或者预算不理想的企业中，信息职能部门往往没有在全面预算管理中发挥以上职能，对于预算指标的设置基本上以上一年的数据或者历史最好水平为基础进行编制，在预算考评环节，信息职能部门以外部信息难收集或者收集不准确为由不参与预算考评等，都削弱了信息与全面预算管理的紧密程度。

在我国大多数企业的组织机构中尚无预算职能部门，一般将预算管理中的大多数事务性工作交由财务部来执行，原因在于两个方面：一方面是因为全面预算的编制、执行、监督、报告等环节需要财务部的参与及协调；另一方面是因为财务部本身的工作特性，使得其在预算控制中起着重要作用。但有的企业是强化了财务部在预算管理中的作用，将全面预算等同于财务预算，定位于财务方面的预算，甚至是财务部门的预算，这显然是不合理的。全面预算管理是涉及全方位、全过程、全员的一种整合性管理系统，具有全面控制力和约束力，绝不仅仅是财务部门的事情。一个行之有效的预算，往往要经过各部门的反复推敲、协调一致才能推出，一个企业是否实行预算管理的首要标志是该企业的预算执行结果是否与奖惩制度挂钩，只有这两者挂钩，才算真正踏上预算管理的轨道。定期或不定期检查、考评各职能部门的预算完成情况，并进行相应的奖罚，是人事部门的一项重要工作，也是预算管理工作的重要组成部分，而预算指标也为考核评价各部门及员工的工作业绩提供了依据。

管理控制系统作用的发挥还体现在管理层运用预算功能实现规划和控制目标上。管理层通过制定战略并利用预算贯彻实现目标的各种行为，通过实际与预算的对比来评价经营活动。同时，业绩评价反馈的信息有助于管理层控制当前的活动并协调好计划程序。预算管理的战略性体现在它沟通了企业战略与经营理财活动的关系，使企业战略意图得以具体贯彻，长短期预算计划得以衔接。企业战略是经营发展的总方针，体现在长期预算中，而短期预算作为一种行动的安排，使企业战略部署与经营活动得以沟通，形成了具有良好循环的预算系统。在具体实施预算过程中，预算管理通过全员、全过程、全方位的综合控制，架起了战略、管理控制及业绩评价的沟通桥梁。

第三节　预算管理在企业管理控制系统中的作用

一、转变企业管理方式

企业预算管理的出发点和归宿是企业战略，为逐渐趋近战略愿景，在年度经营计划的分解落实中，企业高层管理者主要是通过科学、合理地预测制订企业的年度目标利润，并对预算的实施情况进行严格考评。目标利润通过预算编制得到具体落实，预算目标的约束作用与企业的激励机制相配合进一步激发预算执行者的工作主动性。一般情况下，预算一旦编制完成，则不能随意修改，它具有一定的刚性。在实施过程中，预算是限制和约束执行者行为的标准，推行该模式使高层管理者从事无巨细的管理事务中摆脱出来，拿出更多的精力来考虑企业的发展战略，把握企业全局。预算是管理控制体系的载体，管理者通过对年度目标利润的控制实现了对企业进行全面管理的间接控制，管理方式由直接管理变为间接管理，使管理者既能把握全局又不失控制，收到事半功倍的管理效果。

二、将企业战略付诸实施

(一)寻求长期稳定的可持续发展

现代企业管理面对来自各个方面的挑战,特别是管理人本化、信息化、知识化、民主化和高效化等深刻变化和创新理念,促使现代企业的发展已从传统企业走向新型企业,从经验决策走向科学决策。企业要提高竞争力,不仅需要及时把握企业外部环境的变化,制定出正确的企业战略,并科学地实施战略,还需要优化企业内部资源的配置,以达到内部资源和外部环境的动态平衡与协调,实现企业的新发展。战略管理也是企业领导者在对企业外部环境和内部资源条件进行分析、预测的基础上,通过制定企业战略并付诸实施,从而保障企业生存和长期稳定发展的过程。它强调对企业外部市场环境的变化及趋势的把握,强调企业的长远利益,着眼于企业的战略发展方向,其目的是寻求企业长期稳定的可持续发展。同时,战略管理寻求企业内部资源和外部环境的协调,通过对外部环境因素的分析,对环境变化的预测,辨明机遇和威胁,并通过调整、优化等措施寻求在未来时期企业与环境的协调。

(二)持续不断的过程

在战略实施过程中,未来是很不确定的。当一个新的方法被应用于新的环境中,战略只是关于未来是怎样和怎样才能实现的一个假设。当实施战略时,战略的方位时刻不停地变化,所以,预算管理系统把战略假设放在了整个组织的中心,持续不断地检验它,在需要的时候加以改变,这样就使战略成为一个持续的过程,而不是一个简单的年度预算。

(三)让战略成为每个人的目标

在知识经济飞速发展的今天,知识型员工越来越成为一个组织最核心的资产。因此,战略信息决策不能只属于高层管理人员,还要通过预算责任的落实,使基层的生产人员、销售人员或者服务人员了解战略,并自愿接受控制。所以,战略必须在高层制定而在底层实施和检验。预算管理作为管理控制的关键战略流程必须保证公司每个员工都能理解公司战略,工作中要以战略为准而且能够在实践中实施战略。

三、提高资源整合配置功能

企业只有获利才有生存与发展的可能。一个企业所拥有的资源总是有限的，对有限的资源在各种不同用途方面的配置预先做出合理的规划，把涉及企业目标利润的经济活动连接在一起，使影响目标利润实现的各因素都发挥出最大潜能，避免因出现"瓶颈"现象而影响企业的整体运营效率，是企业管理者所必须考虑的。实施企业预算管理，就要求企业管理者在确定企业战略时必须把握市场动向，着眼企业全局，科学地进行预测，使现有的资源在各种不同的交替运用中选出一种最佳的预算方案，减少决策的盲目性，降低决策风险，合理地挖掘现有资源潜力，努力使决策达到科学化，使企业的行为符合市场的客观需求，更进一步地提高企业的综合盈利能力。

四、进一步强化企业管理中的控制作用

管理控制系统中的预算管理是一种闭环管理。实施企业预算管理，控制贯穿于管理的全过程，是一种全员、全过程、全方位的控制。经营目标利润的预测、确定与预算的编制是管理者对企业资源如何利用进行的事前控制，预算执行是管理者进行的事中控制，预算的差异分析、考评是一种事后控制。预算本身就是一种硬性约束，该控制过程主要包括预算编制、经济活动的状态计量、实际与预算的比较以及两者差异的确定和分析、制定和采取调整经济活动的措施等。预算一经确定，就必须付诸实施，各部门都对实际执行情况进行计量，并将计量结果与预算进行对比，及时揭示实际执行情况偏离预算的差异，分析其原因，以便采取必要措施，保证预定经营目标的实现。

五、实现整合管理控制的功能

预算管理是指将企业的《财务手册》和各种规章制度融入程式中，因此，它将内部控制的功能固化在预算管理系统中，任何一个独立的个人都无法脱离该系统进行任何活动。在企业预算管理执行过程中，战略实施是由不同层级的业务单元及职能部门来共同实现的，战略的实施被逐级分解到各业务部门及职能部门，由此分解的各个分预算目标是考核各层级、各部门工作业绩的主要依据及准绳，通过实际与预算的比较，便于对各部门及每位员工的工作业绩进行考核评价，以此为依据进行奖惩和人事任免，有利于调动员工的积极性，使他们在今后的工作中

更加努力。在当今科技迅速发展、市场竞争激烈、企业环境多变的情况下，这种考核评价方法比本期实际与上期实际相对比的方法更为科学合理。

第四节 以预算管理为导向的管理控制体系在企业管理中的应用

战略管理就是围绕战略目标有重点地进行资源配置，创造良好的战略实施环境，最主要的是培养战略支持型文化，倡导结果导向与追求卓越精神，保证薪酬制度与战略业绩紧密结合，制定有助于战略实施的策略和程序，建立预算管理控制机制，以保证战略方向不偏离预定的目标，发挥战略管理的领导作用，营造支持战略管理的组织氛围，适时地进行战略调整。战略管理就是从长远角度去认识、理解和解决企业问题，并持续贯穿整个企业的过程，而不是只强调阶段性的战略规划、战略目标等。

一、以预算管理为导向构建企业管理控制系统

以预算管理为导向的管理控制系统，有助于促进企业的长远发展。全球经济一体化进程的加快，知识经济时代的到来，网络化的形成，信息传递程度的增加，使得国内企业面临着科技革命、互联网革命、信息革命的重大挑战。同时，在建立现代企业制度和深化企业改革的进程中，还将面对多元化的产权关系和多样化的人文环境。所有这些外部环境的种种变化，都需要我们对以往的管理和企业的长远发展进行重新定位，这些从根本上体现了对企业实施管理控制的必然性。企业管理控制系统注重对企业未来总体方面的谋划，着眼于机会与趋势，而不是针对企业的个别困难与问题。它着重于企业的长期业绩与前途，而不是眼前的短期利润，其立足点是谋求提高企业的市场竞争力，使企业立于不败之地。以预算管理为导向的企业管理控制系统模型的特点表现在以下几方面。

（一）战略导向原则

对企业来说，努力使下属业务单位成为企业整体战略的有机组成部分，以战略指导企业创造更大的整体价值和整体竞争优势往往是其成功的重要基础。以预算为导向的管理控制能够提升企业的整体价值，但要保证实施过程中企业和下属

业务单位的监控体系一致，通过建立有效的企业预算管理控制体系，贯彻企业战略意图，实现战略目标。总之，战略管理就是企业开展生产经营的重要前提，它将企业内所有的资源囊括其中，真正地实现了步调一致。

（二）及时反馈信息

控制过程与信息直接相关，任何单位的管理控制活动都是信息传递和转换过程，以预算管理为导向的企业管理控制模型，能够充分利用信息方法，揭示单位系统的共同属性及系统活动的规律性，提高系统的可靠性，调整人的行为并充分发挥人的主观能动性。

（三）动态性原则

以预算管理为导向的企业管理控制模型能够保持动态的调整。一般认为战略立足于长期规划，从而具有超前性，但战略是环境分析的结果，环境变动是经常性的，因此，战略的作用在于以变制变。这种以变制变的结果表现为当环境出现较小的变动时，一切都按照战略行事，分解并落实责任预算，体现战略对行动的指导性；当环境出现较大变动并影响全局时，战略会相应地做出调整，预算管理控制也不会僵化不变，这是一个动态调整的过程。

二、构建以预算管理为导向的企业管理控制系统的策略

（一）建立预算管理的前期控制机制，夯实控制基础

要让预算管理充分发挥有效管理控制的功能，在预算编制的前期控制中，必须先梳理企业现有的组织架构，将那些设置重叠、职能交叉的部门重新组合变更，通过预算从组织管理角度合理设置部门机构，降低管理成本，达到管理控制的目的。同时，为防止各部门、各单位相互推诿，在预算前期就要在人力资源部门的领导下，重点梳理部门岗位职责，做好定岗定编，明确各部门及人员的岗位职责，为预算的责任分解和考核打下良好的基础。

（二）建立以预算为主导的集团整体控制框架

在实现与管理控制系统的对接中，建立了一系列以预算、控制、协调和考核为内容，将各个经营单位经营目标同公司战略发展目标联系起来，对其分工负责

的经营活动全过程进行控制和管理的整体控制架构，才能使公司的各项经营活动更好地体现管理控制的要求，提高核心竞争力。

（三）实行预算编制方法的"多元结合"，改革预算编制模式

为了避免单一的预算编制方法，提高预算的可控性和准确性，可采取零基预算、滚动预算、弹性预算及概率预算相结合的编制方法。例如，在研发部门的预算编制中采用零基预算；在生产经营单位的预算编制中采用弹性预算和滚动预算相结合的方法；在职能部门预算编制中采用固定预算与弹性预算相结合的方法；在采购预算中采用滚动预算方法，在其他业务收支预算编制中采用概率预算等方法，实现预算编制方法的多元结合，达到提高预算编制质量的目的。同时，逐步改变"从上到下"或"从下到上"的制定预算的模式。下级主体和上级主体之间的利益最终是一致的，必须在互相信任的基础上进行编制预算，才能使预算更加贴近实际，符合经济运行的规律。

（四）建立系列预算管理制度，支撑起企业管理控制系统

集团在预算管理实施中应制定全面预算管理制度、全面预算管理制度实施细则、全面预算编制说明及策略、全面预算编制流程及责任分工、全面预算考核指标及说明、公司绩效考评管理制度、公司各部门（或员工）绩效考评申诉办法及流程、各部门各单位经营目标责任书、收费稽查管理内部控制制度、风险管理控制及合同管理控制制度、特种作业人员管理标准、管理控制报告制度等。其中，全面预算管理制度及预算管理实施细则作为集团基本管理制度原则将不再调整，而预算编制策略和编制说明可以根据对市场的需求分析做调整，对预算考核指标的选取及权重的设计也允许根据企业管理的侧重点在每一年度进行变动。

（五）实现预算与业绩评价的有效整合，强化预算的激励约束作用

为发挥以预算为导向的管理控制作用，应实施预算考评与业绩评价相结合的考评制度，将预算执行作为业绩考评的一个重要组成部分，纳入企业整体绩效考评体系中。企业应认真研究不同层次、不同性质的激励需求，制定鼓励实现目标的薪酬激励制度，激发每个部门和每位员工的积极性，体现预算的刚性控制和柔性控制的结合。为防止预算在管理控制功效上发挥负面作用，防止出现预算刚性考评带来的消极影响，企业应建立预算考评的申诉管理办法，以便发现可能存在

的问题并及时进行解决。在评价指标的选择上，应将关键业绩的评价指标紧扣战略导向，以评价结果来检讨战略的执行，同时决定整个战略业务单元的奖惩，通过有效惩罚推动战略执行力的提升，从而使预算管理成为一个战略管理控制系统。

（六）建立完善的责任中心管理报告及审计体系

以责任中心为报表设计单位，按月编制预算管理报告。预算报告体系特别要求多维度分析战略实施、适时监控业务战略的执行、重点分析责任中心预算完成情况、重点开展行业分析和标杆比较及改进措施等。为强化监督机制，集团应建立责任中心审计制度，要求审计部门对各责任中心以多维度的战略综合审计、监督规划与预算的完成度、监控业务战略的执行力、确保信息系统的质量为核心开展审计。

（七）加速构建企业资源计划系统，实现预算管理与其他管理的对接

企业资源计划系统是一种可以提供跨地区、跨部门、跨公司整合实时信息的企业管理信息系统。它在企业资源最优化配置的前提下，整合企业所有的经营活动，包括财务会计、管理会计、经营计划及管理、物料管理、销售等企业管理的全部活动，以达到效率化经营的目的。通过构建企业资源计划系统，可以在目前财务信息系统、购销存业务信息系统的基础上，实现信息系统的整合和跨越式发展，实现预算管理的信息化，也达到预算管理与企业管理控制系统整合的目的。

第四章
营运资金管理创新

第一节　营运资金管理概述
第二节　营运资金管理的现状
第三节　基于渠道管理的营运资金管理创新
第四节　营运资金管理创新的路径

第一节　营运资金管理概述

营运资金是对流动资产和流动负债的统称。营运资金、长期资产投资、长期资本筹集与股利分派共同构成了企业财务活动之总体。就日常的财务活动而言,人们主要接触的是营运资金,因而营运资金管理是企业量最大的一组理财活动。

一、营运资金

营运资金包括流动资产和流动负债,体现为整个资产负债表的上半部分,并在诸多方面与其他财务报表紧密相连,其数据几乎可以延伸到企业生产经营的各个方面,因此,这就使得营运资金管理成为一般企业日常处理最多的一组理财活动。

(一)流动资产

流动资产是企业总资产的一个组成部分。企业总资产可以按照流动性划分为流动资产和长期资产(又称为非流动资产,包括长期投资、固定资产、在建工程支出、无形资产、递延资产和其他资产)两大类。流动资产是指那些可以在一年内或长于一年的一个营业周期内变现的资产。依此标准,企业流动资产主要包括以下几类项目。

1. 现金

现金的概念有狭义与广义之分。狭义的现金概念通常仅指企业财务部门的库存现金,包括纸币和硬币。广义的现金概念则是指所有可以即时使用的支付手段,是对库存现金、在途现金、业务周转金、支票和汇票和各种银行存款等项目的总称。这些项目的差别只是在于存放地点和形式上的不同,实质上都是企业流动资产中的货币形态部分,因而过去人们也习惯上将其称为货币资金。在本书中,我们采用的是广义上的现金概念。

作为随时可用的支付手段,现金是一种比较特殊的财务资源。与其他流动资产项目相比较,现金具有最强的流动性,可以随时向任何方向或项目上流动,并体现为两次资金循环的连接点,因此,企业需要持有一定的现金余额。但是,现金又是一种不能或很少能提供收益的资产,而且收支保管中又易于出现差错,因而企业又不宜过多拥有现金。也就是说，企业应该寻求最佳的现金持有额度并以此掌握日常现金余额。

2. 短期投资

短期投资是指各种可随时变现或转卖的有价证券投资以及期限不超过一年的其他投资。其中，由于有价证券所具有的高度流动性和相对稳定性的收益，因此一般企业的短期投资都是以有价证券（包括期限少于一年的短期有价证券和可随时转让的中长期有价证券）作为主体形式的。

企业之所以进行短期有价证券投资，主要原因在于：企业生产经营中有可能形成此时的现金多余和彼时的现金短缺，现金暂时多余时停留在货币形态上是很少有收益的，从而便会形成资金的闲置浪费，当然，将其投资于长期项目又可能会影响不久的现金需求。鉴于此，许多企业都会选择有价证券作为暂时的投资对象，一来可以赚取一定的投资收益，二来可以在需要现金时随时将有价证券变现。

3. 应收账款

应收账款是指企业由于生产经营以及其他活动所导致的应收及预付款项。应收账款的具体项目有很多，主要包括由于对外销售商品或劳务而导致的应收销货款和应收票据；由于订购商品物资而形成的预付账款（预付购货款）；由于提前支付应由本期和以后各期受益的费用项目而形成的待摊费用；由于上述之外的其他原因的应收和预付而形成的其他应收款。

应收销货款是应收账款中的主体部分。企业之所以会产生此类资产，根本原因在于商业信用的广泛使用，直接原因是企业扩大销售而采用赊销策略以及市场竞争的结果。较高的应收账款总是伴随着较多的销售收入，但是，持有应收账款又会导致包括坏账损失在内的一系列成本，因此，企业应根据自身的情况、客观的经济环境和客户的信用状况，合理把握应收账款的总体规模和具体的赊销对象。

4. 存货

存货是指企业在生产经营过程中为销售或耗材而储备的资产，包括库存及在途商品、产成品、原料及主要材料、燃料、辅助材料、物料用品、包装物和低值易耗品等。在工业企业中，人们又经常把存货分成三类：①供应采购过程形成的材料存货，又称储备资金（占用）；②处于生产过程中的在产品存货，又称生产资金（占用）；③生产加工完成处于待售状态的产成品存货，又称成品资金（占用）。

商业企业中的商品存货又常称为商品资金(占用)。

存货是企业生产经营过程得以维继的支撑，而且，大批购进存货也会减少订货成本并有可能享受到折扣，因此，许多企业还是会拥有相当数量的存货。不过，鉴于存货储备会发生库存费用和储存损耗，存货储备也会占用大量资金并引发利息支出和机会成本。

流动资产尽管形态多样，但是，它们共同的本质特征在于所有的流动资产都具有相当高的流动性。流动资产的高度流动性就表现为流动资产要么是货币，要么能够快速地转换为货币；有价证券可以随时售出；其他短期投资和应收账款可以在数月内收回；存货销售后或通过应收账款或直接收回货币。流动资产高度的流动性不仅仅是它区别于企业其他资产的标志，更关键的在于它是企业生产经营过程得以维继和免遭破产的基本保证。当然，如果进一步分析的话，我们也能看出，正是流动资产各项目的不断流动和转换，企业才能不断实现销售收入和利润。

(二)流动负债

流动负债是企业总负债的一个组成部分。同资产一样，企业的所有负债也可以根据流动性划分为流动负债和长期负债(包括长期借款、应付债券、长期应付款等)两类。这里的流动性实际上指的是债务的偿还时间或者持有期限，而衡量资产的流动性则是指资产的变现能力与速度。具体来说，流动负债是指那些需要在一年内或长于一年的一个营业周期内偿还的债务。依此标准，企业流动负债主要包括以下几类项目。

1. 短期借款

短期借款是指企业为解决短期资金周转的困难而向银行或其他金融机构借入的期限在一年以内的各种借款。

2. 商业信用债务

商业信用是指在商品交换过程中企业之间延期付款或预收货款而形成的借贷关系，也就是商品运动与货币运动相脱离后所出现的一种债权债务关系。由于商业信用是企业间由于购销活动发生而自然形成的一种直接融资，因此人们又常称其为自然筹资。

在商品购销过程中，由于使用商业信用而形成的流动负债有三种，即应付账款、应付票据和预收账款。其中，应付账款是一种欠账式的信用，是指企业因购买商品或劳务的过程中而结欠应付供货商的货款；应付票据则属于票据信用，是指企业在购买商品过程中采用商业汇票等结算方式而向供货单位承兑或委托银行承兑的票据。预收账款是企业作为销货方取得的信用，是企业根据购销合同在交货前向购货方收取的带有定金性质的那一部分货款。预收账款的清偿是通过商品转移实现的，而应付账款和应付票据则是通过现金的交割来结清的。

3. 应计项目

应计项目又称应计未付项目，是指企业在生产经营过程中以及组织利润分配时所产生的，已经计提而尚未以现金支付的各种债务项目。按照我国现行有关法规的规定，一般企业的应计项目包括应付工资、应付福利费、应交税费、应付利润（股利）和预提费用等。总的来说，应计项目数额一般不大，期限也不长，利用的程度取决于生产经营规模及其营运状况。不过，应计项目作为一种资金来源的使用通常是免费的。

同流动资产相类似，流动负债的根本特征在于其流动性，即所有的流动负债均应在一年或长于一年的一个营业周期内偿还。流动负债的区分是很有意义的。将流动负债与长期负债比较，可以看出企业近期的债务结构和还债压力；将流动负债与流动资产比较，则可以反映企业目前的还款保障和偿付能力。

（三）营运资金的质变与量变

从质变上看，营运资金概念是对企业流动资产和流动负债的统称，是对企业所有短期性财务活动的统称。流动资产和流动负债的特点除了决定了整个营运资金以流动性为其基本特征，要伴随生产经营活动处于不断的运动之中。

从量变上看，营运资金又常被称为营运资金净额或净营运资金，它是企业流动资产减去流动负债的差额。这是用来表达企业的流动性和偿债保障的一个重要指标。只要流动资产超过流动负债，企业就拥有营运资金净额，它表现为许多流动资产所形成的一种备用库存，是衡量企业短期偿债能力的重要尺度。

绝大多数企业都必须拥有一定数额的流动资金净额。这是因为，流动负债的偿付是有期限的，各种营业现款支出的发生往往是不可避免的，但企业营业现款收入却有极大的不确定性，这就势必要求企业持有大于流动负债的流动资产。唯有如此方可保证企业的流动性和安全性。

二、营运资金管理的意义与内容

企业的理财活动根据特点的不同可以划分为营运资金管理、长期资产投资

(资本支出)管理、长期资产筹集管理和股利分配四类。由于股利分配在很大程度上体现的是长期资本筹集的特点，因此也有人将其并入长期资本筹集管理中，那么相应地理财活动又可以分成三类。但无论如何划分，企业日常理财活动中所从事的最大量的工作还是营运资金管理。

(一)营运资金管理的意义与重要性

1. 营运资金管理的意义

营运资金管理在整个财务管理乃至企业管理中具有重要的地位。无论从理论上看还是从现实工作中观察，加强营运资金管理都具有重要意义。

营运资金是企业资金总体中最具活力的组成部分。企业的生存与发展在很大程度上，甚至可以说在根本上是依赖于营运资金的管理和运转的。只有营运资金不断并处于良好的管理和运转中，企业才能得以生存，才有发展的基础，企业的目标(无论如何界定)才有实现的可能，具体可以从如下两方面分析。首先，营运资金周转是固定资金乃至整个资金周转的依托。这是因为，固定资产的周转是通过其价值分次转移到产品价值中去的，并在销售收入实现之后予以补偿的反复进行实现的。营运资金周转才能带动固定资金周转，也才能使企业的整个资金实现周转。其次，营运资金周转是企业生存与发展的基础。只有营运资金正常周转，企业才能保证供、产、销各个阶段的维系，才能实现销售收入并补偿生产经营中的耗费，才能赚取一定的收益，并进而用于未来的发展。显然，没有营运资金的良好运转，企业的生存与发展将是不可能的，人们为企业界定的各种各样的目标也就无从谈起。

2. 营运资金管理的重要性

营运资金管理所具有的如上所述的理论意义使得企业应该对其非常重视。即便从现实出发，我们也能找出许多有说服力的证据表明营运资金和营运资金管理的重要性。

相当多的资料表明，营运资金在企业总资金中占有很大比重，有些企业能占到半数以上，而且一直处于一个不断变化的过程中，因而企业管理当局特别是企业的财务领导人往往把主要精力放在营运资金而不是固定资金上。对中小型企业来讲尤为如此。虽然中小企业可以通过租赁等方式减少它们在固定资产上的投资，但是业务经营的需要却使它们无法减少在诸如现金及银行存款、应收账款和存货上的投资。而且，中小企业很少参与资本市场，国家扶植也相对较少，它们更多依靠的是筹集资金,如短期贷款、应付账款等筹集资金。于是,营运资金管理便成为中小企业关注的焦点。

尽管营运资金项目占到了资产负债表的上半部分,但是,营运资金的存量与流量更决定着损益表和财务状况变动表或现金流量表。损益表中的大部分项目都与营运资金项目相伴而生,至于现金流量表更是对营运资金项目的直接列示。可见,营运资金管理的质量将直接决定着财务报表所披露的企业形象。既然外部各利害关系的集团或个人都非常注重财务报表及其分析,那么作为受托经营的企业管理当局也必须重视营运资金并管好营运资金。

(二)营运资金管理的内容与组织

1. 营运资金管理的内容

营运资金管理的内容可以从不同的角度进行归纳。从管理对象上看,营运资金管理的内容包括对流动资产的管理、对流动负债的管理及其协同管理(整体管理)。从管理工作环节上看,营运资金管理的内容应该包括营运资金预测、营运资金决策、营运资金计划、营运资金控制、营运资金考核与分析等。其中,营运资金预测是指对营运资金的未来运行情况所作的科学估计和推测;营运资金决策则指对预测所提供的各种备选方案进行的优化选择;营运资金计划则是对决策方案进行的预先安排、说明和规定;营运资金控制则是对营运资金的日常运行情况和计划执行情况所组织的指导、协调、调节、监督;营运资金考核与分析则是对营运资金运行和管理情况所作的评价与总结。

2. 营运资金管理的环境

营运资金管理的环境是指企业在从事营运资金管理的过程中所面临的各种能够影响到营运资金组成、运转及其管理的客观条件和因素的统称。考察营运资金管理必须对其所处的相关环境有所了解。应该说,从制定管理目标到实施管理活动包括预测、决策、计划、控制、考核与分析等都必须以一定的环境为前提。这些环境因素可分为以下两类。

(1)企业外部环境

企业外部环境主要包括政治与社会环境经济环境。政治与社会环境具体又包括国家的政治局势、政策、法律与行政规定、国家之间的关系、地区之间的协作、社会安定程度、政府机关的办事效率与工作作风、整个社会的向上进取精神等。经济环境主要包括:①经济结构,不同的经济结构势必影响到企业流动资金的占用比例、周转速度、资金来源乃至盈利水平；②资源条件，特别是资源的充裕程度与质量高低直接影响到流动资金内部结构，进而影响到流动资金周转是否顺畅；③财经政策、法规与法律，特别是直接影响到流动资金的各种政策、法规与纪律；④金融形势，这是流动负债、现金及银行存款、短期投资甚至应收账款管理中一个不可或缺的环境因素；⑤市场机制，特别是商品市场、资金市场等直接影响到流动资金的市场因素；⑥财政、税收、价格因素；⑦投资环境；⑧经济体制改革的势头与走向；⑨对外贸易；⑪科学技术在生产经营中的应用程度。

（2）企业内部环境

企业内部环境主要包括本企业生产经营的性质和特点，包括所处的行业、生产经营能力与生产经营组织、产品质量与市场销售情况、本企业竞争对手的实力水平等；本企业管理水平，包括各环节业务管理水平及其衔接、劳动生产率、财务管理状况、各级干部职工的素质等；本企业的生产经营和资本规模。不同规模的企业，在营运资金的地位、筹资能力与结构等诸多方面都会产生很大的差别；本企业的内部机构设置，包括企业最高行政管理当局的分工、各职能部门的权责划分、财务部门的地位与作用等；固定及长期资金状况，包括投向与投资结构、对营运资金配套的要求情况、筹集及偿还情况、为流动资产提供多少等因素。毫无疑问，这是与营运资金管理最为密切的一个环境因素。

3. 营运资金管理的组织

营运资金各项目的增减变动受到诸多环境的影响，并同时体现为生产经营过程中某些侧面或长期资金中某些项目的增减变动。换言之，营运资金及其管理中的大部分问题可以这样来看待：既是企业内部的问题，也是涉及企业外部的问题；既是财务问题，也是生产经营问题；既是营运资金问题，也是长期资金问题。既然如此，营运资金管理活动的组织与开发，必须在以财务部门为主导的基础上，联合相关的各职能部门和有关人员共同承担。

财务管理部门内部应该在财务经理的统一领导下进行合理分工，建立明确的岗位责任制。岗位的设置可以根据企业的具体情况而定，但以下基本岗位是固定的。第一，现金管理岗位。现金管理岗位负责现金的收进、现金的内部调度与转移、现金的支出、现金持有额度的制定、短期投资、短期借贷以及企业与银行之间的关系。第二，信用管理岗位。信用管理岗位负责信用政策的制定、应收账款总额控制、赊销对象的确定、收账管理。第三，存货管理岗位。存货管理岗位负责购买商品材料、生产过程中的在产品存货以及产成品等相关的财务决策。但在有些情况下，需将存货岗位分解为两到三个岗位，并承担起相关的负债管理职责。第四，负债管理岗位。负债管理岗位负责各项流动负债的统一政策以及前述有关岗位职责之外的其他个别负债。实际上，把负债岗位分解到相关的流动资产岗位上去的做法也是具有科学性的。诸如此类的岗位设置和明确的职责划分将有助于提高营运资金管理的效率和效益，至于各个岗位是一人承担，还是几人承担都是次要的。在规模较小的企业里，岗位细分可能是不经济的，也就没有必要，但是，按照营运资金管理组织的内在规律和特征分别实施有效的管理依然是非常重要的。

三、营运资金管理的目标与观念

营运资金管理是一个人造的管理系统，这种系统的有效运行必须借助预先界定的目标和树立一系列指导性的基本观念。目标提出了方向，而指导性观念则可以保证目标的实现，它们两者共同指导和规定着人们的行为，协调和组织着系统中的各种计划，从而确保整个营运资金管理系统及其各子系统有效进行。

（一）营运资金管理的目标

流动资金管理的目标是指在一定的环境之下，通过对营运资金及其运转实施管理的活动所应达到的目的。营运资金管理的目标应该是企业总体目标特别是企业财务管理目标在营运资金管理上的具体体现。

投资者之所以出资兴办企业，其目的就在于不断扩大他们的财富，至于投资者究竟是个人还是某种利益共同体（如国家）是无关紧要的，由此决定了现代企业和现代企业财务管理应该以追求股东财富最大化作为自己的基本目标。股东财富来源于两方面：一方面是股东得到的股利；另一方面是股票的市场价格。其中，后者尤其具有重要的作用。现代企业管理的股东财富最大化目标较之传统的利润最大化目标要科学得多，因为它不仅考虑到眼前的利润和未来时期内归属于股东权益的现金流量，还考虑到未来现金流量的风险和货币的时间价值。

营运资金管理作为企业财务管理中的一个重要组成部分，其基本和最终的目标都应该是股东财富最大化。因此，通过有效地营运资金管理，努力实现尽可能多的持续、稳定的利润和现金流量，降低投资风险，是促使股东财富最大化目标实现的重要部分；反之，没有科学有效的营运资金管理，股东财富最大化的目标也就无从实现。显然，营运资金管理的具体目标应该按照充分保证股东利益的方向去设计。不过，在考虑股东利益的同时，还要充分考虑债权人的利益。股东和债权人在企业中都拥有一定的属于自己的权益，他们的利益既有相同、相通之处，也有矛盾之处。为了防止股东们特有的地位侵害自己的利益，债权人还需在向企业提供资金时附加上某些保护性措施，而且一旦利益受损他们也将不再与股东和其企业进一步合作。事实上，只有在考虑了债权人的利益之后，再在考虑社会、国家和公众的利益之后，才能确定和建立一个适宜的、在一系列约束条件决定的区间内股东财富最大化的目标。

营运资金是企业总资金的组成部分，营运资金管理是企业财务管理的组成部分。相应地，营运资金管理的目标也应遵从对财务管理目标的理解。营运资金管理的目标在于通过管理活动的实施，保证企业具有足够的流动性，并同时努力提高企业的盈利能力。

保证企业具有足够的流动性具有两方面的意义：一方面，具有足够的流动性，也具有足够的偿债能力，可以及时偿还各种债务，保证债权人的利益，保证企业免遭破产清算的厄运；另一方面，具有足够的流动性，由于可以换取债权人的合作，可以在未来现金流入与流出不协调时利用流动性资源为它们搭起一座桥梁，因此实际上也有助于提高和扩大的股东财富。

提高企业的盈利能力，促使企业的盈利不断稳固增长，也是企业营运资金管理的具体目标之一，而且，这一目标也是会被股东和债权人所乐意接受的。

保证企业足够的流动性，提高企业的盈利能力，在具体从事营运资金各项目的管理时会有诸多具体的体现。

(二) 营运资金管理的指导性观念

营运资金尽管只是企业资金总体的一个组成部分，但由其内容和运转特点决定了营运资金管理的好坏，并直接决定着企业整个财务管理的成效，进而决定着企业的生存与发展。营运资金管理绝不是一种盲目的管理活动，它应该建立起若干指导性的基本观念，并以此作为组织营运资金管理的依据。观念作为一种思想意识，一旦为人们所接受，便可时刻指导着企业营运资金的管理工作。

1. 资金时间价值观念

资金具有时间价值，主要体现在以下两个方面：首先，整个社会的资金处于不停顿的运转之中，资金具有增值性，运转资金势必会带来运转价值。如果企业从外部取得资金，它就必然向资金提供者支付利息或其他报酬。如果企业筹集到的营运资金不能良好周转，不能实现增值，那它就必然要承担这种由资金的时间价值所导致的损失。其次，通货膨胀、资源供求矛盾、价格理顺等所导致的物价上涨，势必影响到既有货币的购买力，如果暂时闲置的货币不能很好地投入收益性周转，企业也会遭遇币值下跌所造成的损失。毫无疑问，对营运资金组织管理必须树立牢固的资金时间价值观念。

资金的时间价值观念可以帮助企业管理者正确地认识、提高和扩大股东财富的基本途径和因素；可以促使企业合理地确定不同环境下的利率；可以促使企业在决策时充分考虑到资金损失和机会成本；可以促使企业认识到稳定的收益与现金流量的重要性。

资金的时间价值观念要求企业必须加速营运资金周转，通过周转实现增值，以此增值来补偿资金成本并赚取利润，加速营运资金周转还可以降低由于币值下跌对企业可能造成的损失。

资金的时间价值观念要求企业必须加强对营运资金的充分利用。每当出现营运资金特别是现金及银行存款的闲置，企业应当将其投资于有价证券等短期投资项目，即便不求盈利，至少也可以挽回由于资金时间价值所导致的损失。资金的时间价值观念还要求企业必须重视短期负债如何形成以及负债结构，以最便宜的方式取得流动资产的资金来源。

2. **经济效益观念**

经济效益可以表述为劳动消耗与劳动成果的对比关系，也即所占、所费与所得之间的数量关系。在商品经济社会里，从价值方面衡量经济效益，主要表现为以收抵支后的利润的高低。稳定的利润是企业生存和发展的基础和前提。实现尽可能多的利润、实现最佳的经济效益是企业的基本要求。毫无疑问，经济效益观念也是利润观念，是指导营运资金管理的基本观念。

依照效益观念的要求，企业必须充分利用营运资金。特别是在营运资金在生产经营中出现闲置时，应将这一部分闲置的营运资金充分利用，或者追加生产经营规模，创造更多的利润，或者做短期投资特别是购买有价证券，以获取一定的投资收益。依照效益观念的要求，企业必须重视资金成本问题，节约流动负债，并科学地确定负债结构。

3. **资金维护观念**

资金维护是指在商品经济社会里，自主经营、自负盈亏的、独立的商品生产者和经营者在获得净收益（即利润）前，其净资产或业主权益必须得到维护。换句话说，只有净资产或业主权益得到维护才能谈得上利润，反之则为亏损。资金维护概念始终是与利润确定紧密地联系在一起的。

在任何一种社会制度下，经济学中的一般理论都是企业管理理论与实务的指导，资本维护理论亦不例外。在企业界中，资金维护的由来已久，但在相当长的一个时期里没有明确和直接地论述它。只是进入本世纪后，由于社会经济时常面临着通货膨胀的侵扰，人们才在许多企业经济学、财务管理学和会计学著作中明确地论述和应用这一理论，我国财务界和会计界也是在近几年才真正接触或接受它。

如前所述，资本维护理论要求企业的净资产或业主权益得到完整维护。从事营运资金管理必须树立这种观念。否则，原有投资得不到维护，消耗的资产得不到足额补偿，势必使营运资金再周转规模和再生产规模萎缩直至停顿。

资金维护观念的初始出发点和关键在于利润的确定，但从其实际操作的内容上看则主要体现为企业资产的消耗与补偿问题；从利润确定的形式上看，利润是收支净差额。因此，确定利润的大量工作便转化为如何确定收入和支出，也即如何确定资产与负债、如何确定资产的转移。在这个过程中，必须保证企业的原有投资得到充分维护。

应用资金维护的观念是在营运资金管理中应科学地确定资产转移和损耗价值，合理估算存货损失，对应收账款的损失预先估计，对已发生而尚未支付的费用支出合理预提，对流动负债及时和充分地确定。

4. 风险观念

在商品经济社会里，由于企业所处环境与企业财务本身的复杂性、人们认识未来及控制未来的局限性，在理财过程中遇到一定的风险是在所难免的。而且，生产经营的各个环节，资金流动的各个阶段都存在发生风险的可能性。一旦风险成为现实，企业必然会导致大量的损失。但是，实现高额利润总离不开风险，在竞争的社会里，利润与风险同在。风险大，最终实现的利润就多；风险小，与之相伴的利润就少。如果一味地追求较小的风险或不存在风险，企业就只能在较低的盈利水平上生存，很难有大的发展，与日新月异的社会发展和其他企业不断进步的形势相比，就在未来发展上预设了一个大风险，因为不进则退，不进取就会被社会所淘汰。

以风险观念指导企业的营运资金管理，要求企业结合营运资金的内容与周转情况，明确风险归属，使企业的有关部门对所面临的风险采取措施、认真筹划、居安思危，不断改进管理工作。以风险观念指导企业的营运资金管理，要求企业正常处理风险与盈利的关系。高风险必须要有高额利润相伴随。虽然企业在流动资产上大量的投资并使净流动资金显示出较大的余额可以降低风险（即保证流动性），但与此同时，流动资金上的过度占用与浪费会导致相关费用成本增加，进而降低利润，流动资金管理的重要目的就在于不影响或保证一定的流动性的基础上，尽量降低与流动资金相关的成本，从而提高盈利幅度。

以风险观念指导企业的流动资金，还要求企业尽可能地应对和减少风险，及早对风险予以识别、分析与评估，组织对风险的预防与控制。对风险预防和控制的措施和办法具体可根据企业的自身情况确定，但基本有这样四类做法：①有意回避法，即着意回避一些风险程度高的生产经营项目和活动，但这类做法过于保守，往往会使利润同步下降；②多头化解法，也就是说，可在高风险、高获利的项目之外再搞一些与该项目基本不相关的低风险项目，使它们相互补充；③风险转嫁法，指采用保险、联营、担保等方式将部分或全部风险转嫁给相关地方的做法；④自我储备补偿法，即企业平时建立和积储风险基金，待风险发生时用以应付损失。

第二节　营运资金管理的现状

近年来，随着我国社会经济的高速发展，社会主义市场经济体制改革愈加深入，现代企业迎来了新的发展机遇，与此同时也面临着一系列的挑战，必须转变传统的企业管理模式，跟随时代发展步伐，以推动企业的可持续发展。在我国企业经营管理过程中，营运资金管理是其中的重要组成部分，应当予以高度重视，不容忽视。企业所有资金类型中最具流动性的资金是营运资金，其直接关系着企业的生产经营活动，也影响着企业的未来发展，一旦处理不当，致使营运资金链断裂，便会导致企业经济受损甚至破产，企业资金难以回笼，面临巨大经济危机。因此，企业应当实施有效的现代化措施来管理企业的营运资金，提高企业营运资金利用率，强化相关人员的资金管理意识，促进企业营运资金管理效率的提升，从而推动企业的可持续发展，实现企业营运资金管理效益最大化。

一、我国企业在进行营运资金管理中存在的问题

我国企业在进行营运资金管理的过程中存在着许多问题，主要表现为以下两

方面。

（一）企业管理者的营运资金管理理论基础薄弱，对营运资金管理认识不足

企业管理者对营运资金管理认识不足，造成了企业在其营运资金周转期超过其行业周期的情况下，盈利会令人不满意或有破产现象。这都是因为企业的管理者没有认识到进行企业运营资金管理的重要性。其具体表现为以下情况，比如企业内部上层建筑权力过于集中、经营信息流通受阻、管理队伍专业素质水平低下等，因而造成了企业在进行营运资金管理的过程中管理过于封闭，信息不灵通，管理层不懂得利用运营数据对企业运营状况做出正确分析。这些情况的产生都是企业实现缩短运营资金周转期、优化内部结构目标的阻碍。

（二）企业的营运资金管理体制不完善，致使企业的营运资金缺乏有效控制

一套科学、完善的营运资金管理体制不仅是企业进行营运资金管理的基础，还是对企业的发展状态、发展前景进行审计、考核、监督、控制工作的基本依据，更是实现企业经营活动正常运作的重要保证。但是，我国仍然有相当一部分企业在运行过程中，缺乏一套科学、合理、完善的企业营运资金管理体系，致使大部分企业对于营运资金管理缺乏科学、合理的预算计划。

企业营运资金缺乏完善的管理体制的有效控制，致使企业运营资金的预算管理随意，给企业的生存发展带来了重大负担。其主要表现为企业运营资金管理具有随意性、盲目性。在企业进行营运资金管理的过程中，营运资金的使用缺乏计划，企业上层建筑的意志成了营运资金管理的主体，营运资金使用计划成了一纸空文。

企业为了实现其营利目的，将企业重心投注在企业的生产、经营上，忽视了对现有资源和资金的有效配置和调度。专注于生产不仅使得企业存货量与企业经营状况及市场需求不相适应，还造成了企业营运资金在外的长期滞留，既影响了企业正常的生产经营活动和资金的有效使用，又给公司未来的经营埋下隐患。

部分企业采取向银行进行短期借款来实现其在一定时期内的经营计划手段，造成企业流动负债负担过重的情况产生。因银行的短期借款资金成本高，而加剧了企业的运营风险。

二、完善企业营运资金管理的对策

从上述分析中我们看出,我国企业营运资金管理存在的问题主要来源于企业本身。因此,我们主要从企业内部管理角度出发,提出了以下对策。

(一)改变企业经营观念,强化企业内部管理

针对我国企业营运资金管理上存在的问题,首先应从企业的整体角度出发,采取措施,达到改善营运资金的目的。第一,认真做好营运资金计划,事先掌握各流动项目和资本支出的变动趋势,预先消除影响营运资金状况的消极因素。第二,加强营运资金管理的制度建设,做到规范、合理和有序管理,提高管理层次和水平。第三,建立营运资金管理考核机制,加强企业内部审计的监督力度。第四,加强企业财务预算,提高企业运营效率。通过制定预算,不仅有助于预测风险并及时采取防范措施风险,还可以协调企业各部门的工作,提高内部协作的效率。

(二)控制固定资产投资规模,防止形成不良流动资产

固定资产投资的特点是:一次性全部投入,且占用资金较大,而资金的收回则是分次逐步实现的。固定资产收回是在企业再生产过程中,以折旧的形式使其价值脱离实物形态,转移到生产成本中,通过销售实现转化为货币资金,这种资金的回收往往是缓慢的。由于投资的集中性和回收的分散性,要求我们对固定资产的投资须结合其回收情况进行科学规划。

(三)注重调整资金结构

改善传统的资金结构,应着重注意以下内容:第一,企业在进行外延扩大再生产时,应在固定资产投资的同时稳定落实一定量的流动资金,不可"盲目上马"。从企业资金运作角度考虑,应禁止将流动负债用于长期投资和构建固定资产。第二,科学安排自有资金与负债、长期负债与流动负债的结构,充分灵活地利用各种流动负债来满足流动资产的波动性需要。第三,为避免过分追求流动性而大量置存流动资产,尽可能降低流动资产的置存损失。

(四)在企业运行过程中重视全面的营运资金管理

营运资金管理在企业运营的整个过程中占有重要的地位,解决营运资金管理

中存在的问题，归根结底要从货币资金、存货、应收账款三方面着手进行强化管理。

1. 有效监控货币资金，提高资金利用效果

企业的各种经济活动，最终都要通过资金的流动来实现。建立企业资金的有效监控机制，是保证企业生产经营活动顺利进行，避免发生资金紧张的关键。企业资金紧张首先表现为缺乏流动资金，无现金支付。因此，企业的现金支付能力是监控企业资金紧张的最基本、最常用的指标。对企业资金供求平衡情况的一般分析，也通常利用该指标进行。

现金支付能力＝(货币资金＋短期可变现投资＋短期可收回票据)－(短期借款＋短期应付票据)。

计算结果为正，说明企业短期无资金支付困难；反之，说明企业将面临资金紧张和支付困难。

2. 加强存货管理

随着效率意识的增强和市场竞争的加剧，零库存观念及相应的适时制管理系统正在国外迅速推广，其被认为是压缩存货资金和节约流动资金的理想之举，也引起了我国企业的充分注意和努力借鉴。

3. 合理运用商业信用，加速资金周转

在市场经济激烈的竞争中，越来越多的企业将赊销作为一种营销策略，赊销在销货总额中所占比重不断上升。因此，流动资金管理的重要一环就是合理借鉴国外的做法，建立健全应收账款体系，将应收账款控制重心由财务控制转向商务控制。明确管理责任，建立销售责任制，将货款回笼作为考核销售部门及销售人员业绩的重要依据。

营运资金的核心内容就是对资金运用和资金筹措的管理，营运资金在企业资金管理中占有重要地位，对企业利润目标的实现会产生重大影响，所以，企业负责人及财务人员应该充分重视营运资金管理，提高现金、应收账款、存货的周转速度，尽量减少对资金的过度占用，降低资金使用成本，充分利用短期借款及商业信用、应付款项来解决资金周转困难，只有这样才能使企业把有限的资金发挥最大的功效，为企业创造最佳的经济效益。

第三节　基于渠道管理的营运资金管理创新

渠道又被称为分销渠道,是指企业产品从原材料采购到将商品成功出售参与的所有环节或过程。在渠道中,企业需要对所有的参与者进行选择,还需结合内外部环境和产品特性对企业的销售模式做出合理的规划,这一过程被称为渠道管理。

一、基于渠道理论下营运资金的分类

(一)渠道管理理论

渠道是使产品或服务能顺利消费或使用的、相互依存的组织,它有益于消费者与制造商减少交易次数、简化搜寻过程和交易手续、降低分销成本。渠道管理主要集中在渠道结构、渠道行为与渠道关系的管理。生产厂商、中间商与客户之间相互依赖,形成供应链渠道。但由于渠道成员间难免从自己的利益出发考虑问题,因此会产生利益冲突,这种冲突会影响渠道畅通,因此建立无缝渠道便成了人们追求的目标。也就是说,各成员能明确自己在渠道中的地位、权利与义务;渠道中存在一个渠道成员认同度较高的目标;成员间能相互信任和沟通;渠道成员能重视相互之间的依赖关系。总的来讲,在渠道系统中主要涉及合作、权利和冲突。那么,企业将渠道管理理论运用到营运资金管理,须建立自上游供应商、企业、销售商与终端消费者的渠道控制网,从整体上把握企业营运资金的流转。

(二)营运资金的分类

传统的营运资金管理将营运资金分为现金、存货和应收账款、应付账款。基于渠道管理理论,营运资金管理重心向渠道管理转移,按照营运资金是否直接参加经营活动,将营运资金分为经营活动和理财活动营运资金。经营活动营运资金又可细分为采购渠道营运资金、生产渠道营运资金和销售渠道营运资金。采购渠道营运资金包括材料存货、预付账款、应付账款和应付票据等;生产渠道营运资金由在产品、半成品、其他应收款、应付职工薪酬、其他应付款、预提费用与待摊费用组成;营销渠道营运资金主要由成品存货、应收款项(包括应收账款与应收票据)、预收账款、应交税费等项目组成。

理财活动营运资金包括筹资活动营运资金与投资活动营运资金，其中，投资活动营运资金还可细分为货币资金、交易性金融资产与负债、应收利息、应收股利、一年内到期的非流动负债、短期借款、应付利息、应付股利等。

二、传统的营运资金管理中存在的问题分析

(一)营运资金分类存在着不足

传统的营运资金管理简单地将营运资金分为现金、存货、应收账款三部分，而没有从企业经营管理的角度考虑其他在经营活动中发生的营运资金，例如，材料存货、库存商品、应收票据、预付账款、其他应收款、应付票据、预收账款、应付职工薪酬、应交税费和其他应付款等项目。而对某个行业或企业而言，这些项目的数额可能占据企业营运资金的绝大部分，不能忽略不计。

(二)营运资金管理缺乏整体性

传统的营运资金重在调控营运资金的规模，分配营运资金的结构，管理重心集中在对营运资金的主要项目管理上，忽略了营运资金项目之间的内在联系。而在企业整体的价值链管理中，营运资金管理涉及采购、生产、销售等阶段，与企业的供应链管理、生产管理、成本控制、客户关系管理都紧密相关。营运资金各项目的单独管理使本来相互紧密联系的各部分营运资金分离开来，不能对统一有机整体的营运资金进行有效管理，难以从总体上把握营运资金的发展和变化，从而导致企业很难提高资金使用效率。

(三)营运资金管理绩效评价体系存在缺陷

传统的营运资金管理绩效评价体系主要对应收账款、存货和应付账款周转绩效进行评价，采用的指标包括应收账款周转率(次数)或周转天数、存货周转率(次数)或周转天数以及应付账款周转率(次数)或周转天数。在计算时，大多数统一采用销售收入作为周转额除以占用的营运资金平均余额，不能准确、恰当地评价营运资金的实际周转效率。

三、基于渠道管理的企业营运资金的创新管理

(一)与供应商建立关系型渠道关系

对于制造商而言,采购渠道是保证生产制造活动正常进行的起始环节,而提供产品与原料的供应商对其运营有着不可估量的影响。所谓的关系型渠道,实际上就是更加深入、联系更加紧密的合作关系,能够保证制造商获得稳定的原材料供应与更具竞争力的供货价格。不过,与供应商建立关系型渠道关系并不是一件简单的事情。建议制造商从以下四方面入手。

1. 做好供应商的甄别与评价工作

制造商应全面搜集供应商的资料,包括其发展历程、运营规模、企业信誉、市场影响力和财务状况等,并根据预先设定的标准对供应商进行考核与评价,与通过考核的供应商签订长期合作协议,与其建立更加长期的合作关系。

2. 设定共同的发展目标,增强彼此之间的信任

制造商应与供应商设定共同的发展目标,找出一条能够同时最大化双方利益的发展道路,借此增强彼此之间的信任,提升渠道的封闭性,降低竞争对手对渠道的冲击。

3. 明确各自的权利与义务

制造商与供应商签订的合作协议中应明确双方的权利与义务,以保证合作关系平等、互惠。

4. 妥善处理渠道冲突

制造商应做好与供应商的沟通工作,及时了解当前存在的渠道冲突以及导致冲突的原因,并进行妥善处理,以保证合作关系融洽稳定。

制造商想要提升采购渠道营运资金管理效率,需要做好以下三项工作。第一,建立严格的供应商选择机制,并与选定的供应商签订产品质量保证协议。第二,为供应商提供原材料库数据接口,及时了解双方的库存信息,从而预先安排好购货与供货计划。第三,与供应商签订长期合作协议,这样不但能够保证原材料供应的稳定性,还能提高在价格谈判中的主动权,为自己争取到更大的价格优势。

(二)实施准时制生产模式

如果说供应渠道是供应链的起始环节,那么生产渠道就是供应链的中央指挥

中心，其直接决定着制造商的多项运营活动。因此，制造商应实施准时制生产模式，从而保证生产流程的科学性与合理性，进而提升运营资金的使用效率。建议制造商从以下三方面入手。

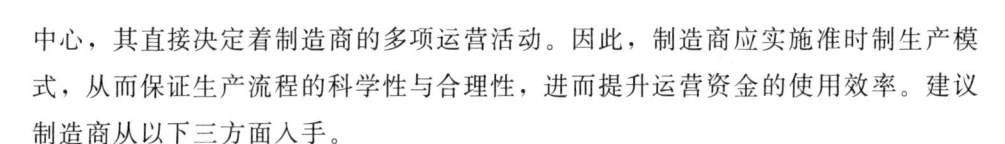

1. 统筹物流系统

制造商应对物流系统进行统筹管理，不但能够降低物流成本，而且能提升生产效率。例如，多次重复运输势必会提高物流成本，而一次大批量的运输则能够降低物流成本。基于此，制造商应结合生产情况统筹管理物流系统，以提升物流成本投入的产出率。

2. 实现订单驱动生产

制造商的所有生产活动都必须以订单为驱动，只有这样才能合理安排生产活动，避免出现库存大量积压或者断货的情况，这无疑可以为实施准时制生产奠定了坚实的基础。

3. 实施准时制采购模式

制造商的营运资金实际上非常有限，太多的存货不但会占用资金，而且会降低企业的资金周转率，提高企业面对的财务风险。因此，制造商实施准时制采购模式，也就是在保证生产活动不受影响的前提下，即时采购生产所需的各类原材料。当然，这离不开电子信息平台的辅助。

制造商生产渠道营运资金所占的比例是所有类型营运资金中最大的，因此，对其进行严格管理是提升营运资金管理效率的有效方式。制造商应做好以下两项工作：第一，一切生产活动都应以订单为驱动，实施准时制生产模式，将生产渠道与销售渠道无缝对接在一起；第二，实施准时制采购模式，降低存货的资金占用量，提升资金周转效率。

（三）完善电子信息平台的建设

销售渠道位于供应链的尾部，其直接与市场连接，能够及时准确地获得第一手市场信息，因此，对制造商的运营有着重要影响。但由于很多制造商都是通过经销商和代理商来销售产品的，因此，其能够获得的市场反馈信息非常少，这也就是常说的"牛鞭效应"。想要减弱牛鞭效应，制造商就必须建设统一的电子信息平台，实现生产与销售信息的同步进行。为了提升平台信息的全面性，制造商最好可以将供应商也拉入平台之中，这样制造商就可以同时获得供应商的实时原材料信息以及代理商和销售商的订单信息，以此基础制订生产计划，能够最大限度保证投入的稳健性。电子信息平台会同步更新各使用方的信息，从而保证采购、生产以及销售环节衔接的有效性。

制造商应做好以下两项工作：第一，根据订单制订采购计划，并将计划提交至采购数据库中，这样供应商就可以即时获得订单信息；第二，将库存量控制在合理水平，既保证供货的及时性与稳定性，也将资金占用量控制在合理水平。电子信息平台是制造商获得市场反馈信息的重要窗口，因此，经销商必须根据市场的实际情况及时更新相关数据，从而为制造商以及供应商制定后续的运营决策提供有力支持。另外，制造商应定期考核各经销商的销售绩效，并根据绩效考核结果将经销商排序，加强与那些优秀经销商的合作，淘汰不合格的经销商。

（四）提升风险性与收益性资金平衡的协调力度

企业是一个有机的整体，营运资金管理具有很强的系统性，想要提升资金管理效率，就必须保证经营活动资金与理财资金的协调性。假设经营活动占用的资金很少，那么制造商就可以将更多的资金用于理财活动，从而提升资金收益率；假设经营活动占用的资金很多，那么制造商就很有可能没有多余的资金可以投入理财活动之中，就只能依靠生产与销售来获得收益。需要说明的是，理财活动具有一定风险，虽然制造商的初衷是通过理财活动获得更高的收益，可由于市场环境变幻莫测，其也有可能会蒙受损失，因此，其必须提升风险性营运资金与收益性资金平衡的协调力度。

四、基于渠道管理的企业营运资金绩效考核指标

创业在创新营运资金管理模式之后，需检验其有效性，因此，需要建立相应的绩效考核指标体系。通过绩效考核，不但可以了解基于渠道的运营资金管理绩效，还能及时发现当前营运资金管理过程中存在的问题，从而为制订后续的营运资金管理方案提供支持。本书借鉴了国外学者构建的营运资金绩效考核指标体系，并综合考虑渠道因素对指标体系产生的影响。营运资金管理绩效评价体系具体到各渠道营运资金的周转期，更具有科学性。在新模式下，营运资金按渠道进行分类并对各渠道营运资金需求进行规范分析的基础上，构建了基于渠道的营运资金管理绩效评价体系。

在基于渠道理论的营运资金分类方法下，从供应链管理和渠道控制、流程优化的角度去寻求改善营运资金管理的途径，建立指标体系，去考察企业营销渠

道、生产渠道、采购渠道营运资金、总体营运资金的利用情况，既评价了局部营运资金的管理好坏，又评价了营运资金整体的绩效管理水平。因此，基于渠道理论的营运资金的绩效评价更具有科学性。

第四节　营运资金管理创新的路径

随着全球化经济的不断发展，企业面临着更多的机遇和挑战，营运资金管理对于企业发展有着不可或缺的作用，因此，探寻营运资金管理创新路径就是一项非常有必要的工作。

一、强化流程管理

为了适应技术和市场环境的变迁，越来越多的企业将管理的重心从职能部门的权威控制（职能管理）转向了业务流程的持续改善（流程管理），以增强自身的弹性和敏捷性，在激烈的市场竞争中赢得先机。在流程管理模式下，业务流程处于核心地位，职能部门的职责只是辅助流程活动的开展，于是流程运行的效率决定了企业经营活动的成败。营运资金的管理水平决定了业务流程的运行效率，因此，营运资金的管理成为流程管理的中心和企业取得竞争优势的关键。

二、建立财务结算中心进行资金管理

财务结算中心作为企业集团的一个管理部门，负责整个企业集团的日常资金结算，代表集团筹措、协调、规划、调控资金，集团成员内部发生交易时，由财务结算中心对各子公司的资金实施统一结算。财务结算中心的运作实际上是企业集团进行资本经营的一部分，为企业集团开展资本扩张、收购、兼并创造条件。对于企业集团来说，通过集团资金集中管理的实施与应用，可以实现资金的事前计划、事中控制；资金管理与会计核算的一体化处理；金融业务的处理。财务结算中心作为一个管理部门，设置相对简单，但发挥的功能却是比较强大的。对于资金存量较大、集团成员闲置资金不均衡、集团内部管理的基础较好、效益较好的企业设立财务结算中心是比较适合的。

三、做好应收账款管理

应收账款是企业营运资金管理的重要环节，在激烈竞争的市场经济中，正确运用赊销，加强应收账款的管理显得非常重要。应收账款管理应从应收账款防范机制的建立和逾期债权的处理两方面入手。企业应设立专门的信用管理部门，并与销售、财务部门对应收账款进行发生监控、跟踪服务和反馈分析，并由内部审计部门进行监督管理。对于存在的逾期应收账款，企业应成立专门机构进行催讨，并积极寻找债务重组、出售债权的可能，争取及时收回债权。

四、实施资金的集中管理

企业的资金管理有必要推行全面预算管理，完善结算中心制度，实施资金的集中管理。预算是一种控制机制和制度化的程序，是实施资金集中管理的有效模式，完备的预算制度是企业生产经营活动有序进行的保证，是企业完善的法人治理结构的体现，也是企业进行监督、控制、审计、考核的基本依据。建立全面的预算管理体制，对生产经营环节实施预算的编制、分析、考核制度，把企业生产经营活动中的资金收支纳入严格的预算管理程序之中。针对当前企业资金使用过程中普遍存在的"使用分散、效率低下"等突出问题，我们可以从以下三方面进行改善。首先，要从资金集中管理入手，建立完善并推广企业结算中心制度，强化资金集中管理。其次，推行全面预算管理制度，保证资金有序流动。最后，要明确现金流量在资金管理中的核心地位，把现金流量作为控制重点，加强对现金流量的分析预测，强化对于公司现金流量的监控。

五、组建财务公司是企业强化运营资金管理的途径之一

企业选择组建财务公司，进行资金管理与运用，是因为财务公司与财务结算中心相比，有其显著的优势。财务公司是一个独立的法人，而财务结算中心仅是企业集团的内部管理部门，不具有任何法人效应。另外，财务结算中心缺乏依法的融资、中介、投资等功能，难以充分发挥其潜在的能力，受到人民银行的监管有限，缺乏市场压力，内部管理的规范性较薄弱，而这些正是财务公司的专长。实践证明，财务公司促进了企业集团的综合管理和金融控制，符合规模经济原则，降低了企业运营风险和成本，并直接或间接地形成了企业集团新的利润和利润增长点。

第五章
筹资管理的创新

第一节　筹资管理概述
第二节　筹资管理的现状及存在的问题
第三节　筹资管理的创新策略

第一节 筹资管理概述

筹资就是资金的筹集，是一个企业发展生息的根本和命脉。没有充足的资金来源，企业将面临举步维艰的境地，难以运转，更谈不到发展。可以说，筹资是每一个企业都无法忽视的重大问题。

一、筹资的概念

筹资是指企业依据其经营、投资、资本结构调整的需要，通过特定方式和渠道获得所需资金的方式。它是资金运作的起点，筹资的成败决定企业可运用资金的规模，是企业自身生存、发展、壮大可行性的判断依据。

一个资金来源充足、资金运转灵活的企业才能在竞争中占有绝对的优势，才能在各种危机中充分显露出自身优势。毋庸置疑，充足的资金是企业创建、发展、日常经营的有力保障。

二、筹资的动机和分类

(一)筹资的动机和目的

创建企业、开展日常经营活动以及扩大生产经营规模都需要筹集资金。企业筹集资金的目的总的来说是为了获取经营资金，但具体到各个企业，筹集目的可能有所不同，主要包括以下四方面。

1. 满足设立企业的需要

按照我国有关法规规定，企业设立时必须有法定的资本金用于购置厂房、机器设备和购买原材料等，因此，要设立一个企业，必须将筹集资金作为财务活动的起点。

2. 满足生产经营的需要

为满足生产经营需要而进行的筹资活动是企业最为经常性的财务活动，主要体现在以下两方面：一是满足简单再生产的资金需要；二是为了满足扩大再生产的资金需要。这些都需要大量的资金投入，必须作为筹资的重点，确保资金能及时到位，否则将会影响企业经营成果的有效取得。

3. 满足资金结构调整的需要

企业的资金结构是由企业采用各种筹资方式而形成的。资金结构具有相对稳定性，但随着经济状况的改变、企业经营条件的改变等，资金结构也应做相应调整。资金结构的调整是企业为降低筹资风险、减少资金成本而对资本与负债之间的比例关系进行调整，属于企业重大的财务决策事项，也是企业筹资管理的重要内容。

4. 谋求企业发展壮大的需要

在市场竞争中，企业只有不断地进行自我强化、自我创新和自我发展，才能立于不败之地。这就要求企业不断地开发新产品，提高产品质量，改进生产工艺技术，开拓企业经营领域和不断扩大生产经营规模，而这一切都是以资金的不断投放作为保证的，企业发展壮大需要筹集资金。

（二）筹资的分类

1. 按照资金的来源渠道不同，分为权益筹资和负债筹资

权益筹资是企业依法取得并长期拥有自主调配运用的资金。企业通过发行股票、吸收直接投资和内部积累等方式而筹集的资金都属于企业的权益筹资。负债筹资是企业依法取得并依约运行，按期偿还的资本。企业通过发行债券、向银行借款和融资租赁等方式而筹集的资金属于企业的负债筹资。

2. 按照是否通过金融机构分为直接筹资和间接筹资

直接筹资是指企业不借助银行等金融机构，直接与资本所有者协商融通资本的一种筹资活动。直接筹资主要有直接投入资本、发行股票债券和商业信用等筹资方式。间接筹资是指企业借助银行等金融机构而融通资本的一种筹资活动，这是一种传统的筹资类型。间接筹资主要有银行借款、租赁等筹资方式。

3. 按照所筹资金使用期限的长短分为短期资金和长期资金

短期资金是指供短期使用的资金，一般为一年以内。短期资金主要用于现金、应收账款、材料采购及发放工资等，一般在短期内可以收回。短期资金可以用商业信用、银行短期借款、商业票据等方式来筹集。长期资金是指供长期使用的资金，一般在一年以上。长期资金一般采用发行股票、债券、银行中长期借款等方式筹集。

三、筹资原则

(一)规模适当原则

企业的资金需求量往往是不断波动的,财务人员要认真分析调研企业生产、经营状况,采用一定的方法预测资金的需求数量,合理确定筹资规模。这样,既能避免因资金筹集不足影响生产经营的正常进行,又可防止资金筹集过多,造成资金闲置。

(二)筹措及时原则

企业财务人员在筹集资金时必须熟知资金时间价值的原理和计算方法,以便根据资金需求的具体情况,合理安排资金的筹集时间,适时获取所需资金。这样,既能避免过早筹集资金形成资金投放前的闲置,又能防止取得资金的时间滞后而错过资金投放的最佳时机。

(三)来源合理原则

资金的来源渠道和资金市场为企业提供了资金的源泉和筹集场所,它反映了资金的分布状况和供求关系,决定着筹资的难易程度。不同来源的资金,对企业的收益和成本有着不同的影响,因此,企业应认真研究资金渠道和资金市场,合理选择资金来源。

(四)方式经济原则

在确定筹资数量、筹资时间、资金来源的基础上,企业在筹资时还必须认真研究各种筹资方式。企业筹集资金必须要付出一定的利息,不同筹资方式条件下的资金成本有高有低。为此,就需要对各种筹资方式进行分析、对比,选择最佳的筹资方式,确定合理的资金结构,以便降低成本,减少风险。

四、筹资的渠道

资金渠道是指资金来源的方向,具体包括国家财政资金;银行信贷资金;其他企业、个人和外商投入资金;发行股票、债券;融资租赁;商业信用融资等。

（一）国家财政资金

财政拨款、财政补贴、税收减免和税前还贷都属于国家财政资金来源。这种通过国家直接投入现金或减少现金收缴的方式，直接增加企业流动资金数量，为企业运营提供资金保障，是最直观明了的资金来源渠道。

（二）银行信贷资金

银行信贷资金即我们常说的银行借款，是企业与银行或其他金融机构签订借款合同，并在约定期限还本付息的资金融通行为，此种筹资方式的优点是速度快、方便快捷；缺点是在筹资数额上限制较多。银行借款可依据借款期限的长短分为长期借款、中期借款和短期借款。借款期限越长，所需支付利息越多，但同时赢得较长的资金时间价值，可以延长企业运营周期，为企业经营带来便利。相反的，短期借款还款周期短，利息支出少，适合于资金回笼快、周转期限短的投资项目。因此，选择何种筹资方式，必须依据企业实际生产经营状况统筹安排融资数量及期限，使融资效益最大化。

（三）其他企业、个人和外商投入资金

吸收企业、个人和以现金、实物等有形资产，非专利技术、土地使用权等无形资产进行的投资，也是企业重要的筹资方式，能大大提升企业生产经营能力，提高企业知名度及信誉度。

（四）发行股票、债券

发行股票是股份有限公司筹措自有资金的一种方式，它是一种有价证券，是持股人拥有公司股份的证明，采用这种方式筹集资金，风险小，并且不受使用期限制约，募集资金数量往往较大，是股份制公司最基本的筹资方式，这种方式的缺点是分散了公司的控制权。至于发行企业债券，可以有效控制公司的控制权，却需要到期偿还，并且所筹资金数量要远小于发行股票所得。

（五）融资租赁

融资租赁是一种融资与融物相结合的筹资方式，相对于前几种方式，它属于较新的筹资方式。这种方式是租赁公司依照企业要求，出资购买设备，在比较长

的时间内，以签订书面合同的形式租给企业使用的信用业务。这种方式能使企业在前期投入较少资金的情况下，迅速使用所需设备，投入生产，既能避免现有资源的闲置浪费，又能规避设备陈旧带来的风险。融资租赁相当于以分期付款、还本付息的方式购入设备。

(六)商业信用融资

商业信用是企业与企业之间最直接的信用方式，表现为购销中延期付款或预收账款，主要有应收账款、预收货款和票据贴现等形式。这种筹资方式便利快捷，但由于可融通期限一般较短，因此，只是企业的一种短期融资行为，所融通的资金也仅限于短期周转使用，对于长期经营规划无明显作用。

五、企业筹资风险

(一)筹资风险的内涵

企业的筹资管理风险也可以称为财务风险管理，它代指企业在谋求自身壮大发展过程中，或为运行新的项目投资，或为开发新型产品、发现新型运作经营模式，或为在原有生产运作模式之上进一步引进新技术和新设备，持续扩张经营规模，开发新合作项目和新型成果而需要对企业的未来阶段支出成本、运作资金数额进行预测、估算的过程。在此过程中，企业的债券发行、对外贷款筹集资金活动会在不同程度上加重企业的资金运作负担和债务偿还负担。并且，企业在举债经营的过程中，其利润与债务偿还利息都处于变动之中，加剧了企业在维持经营盈利的同时，按期限偿还债务利息的风险。企业如果能够控制筹资过程中产生的风险，有助于企业继续正常经营，并能实现长期发展的目标。

(二)筹资风险的特点

企业筹资风险不仅是客观存在的，而且是无法逃避的。风险投资公司的筹资风险主要是指由于债务融资所导致的股东收益的可变性和偿债能力的不确定性，主要体现在以下两个方面：第一，资金来源变化所造成的股东收益的可变性。根据资金成本等相关理论来看，在投资收益率高于负债利息率的前提下，企业的负债率越高，自有资金的收益率越高，股东的收益也越高；反之，在投资收益率低于负债利息率的情况下，企业的负债率越高，自有资金的收益率越低，股东收益的不确定性越大。第二，资金来源变化所造成的偿债能力的不确定性。这种不确定是由于债务融资必须要按事先约定支付固定的利息，企业的负债率越高，需要支付的利息费用数额越大，企业丧失现金偿付能力的可能性就越大。

(三)筹资风险的分类

筹资风险可以说是前一次资本循环所有风险的延续，特别是前一次循环中投资风险收益分配风险对本次循环的筹资风险有着直接的影响。它按照不同的标准可以分为不同的种类，原则上应以满足评估和控制筹资风险的信息要求为标准，可将其分为现金性筹资风险和收支性筹资风险两种，具体分析如下：①现金性筹资风险有时也被称为支付性筹资风险，指的是在某一特定的时间点上，举债经营的企业现金流出量超过现金流入量，从而造成没有现金或没有足够的现金偿还到期债务本息的可能性。②收支性筹资风险是指企业在收支不抵的状况下发生的无力偿还到期债务本息的可能性。负债不变的情况下，如果企业收不抵支，也就意味着经营已经出现亏损。亏损额必然要中和等量的净资产，那么作为偿债保障的总资产将减少，企业的偿债能力便会不断萎缩。

(四)企业筹资风险管理的必要性

1. 企业生产中的不确定因素

在企业的生产运作过程中，除去额外资金支出项目和投资举债项目，其自身也存在经营、发展的不确定因素。企业的正常经营收益受到市场行业变动、劳动力与资源、原材料变动、政策导向变动等多种因素影响。如果企业在对外发行债券、股份实现资金筹集的过程中，同时实施向第三方贷款的方式筹集资金，则企业股东要承担企业的生产运作风险和举债筹资风险。假如企业的筹资管理风险控制工作有失误，造成企业盈利但不够偿还企业负债利息，那么就要使用企业股东名下的出资金额去支付债务利息，这样就会造成企业因失去债务偿还能力而直接进入破产清算程序。企业在筹资举债经营过程中，需要面临负债经营的现实情况，筹集资金数额越高，企业的负债数额和债务利息也相应提高，企业的财务筹资管理风险也就越高。

2. 企业经营模式的选择出现失误

我国企业普遍适用的举债经营模式可分为以下两种：一是向第三方金融机构担保贷款；二是以对外在市场上发行债券或者股票的方式筹集资金。这两种举债

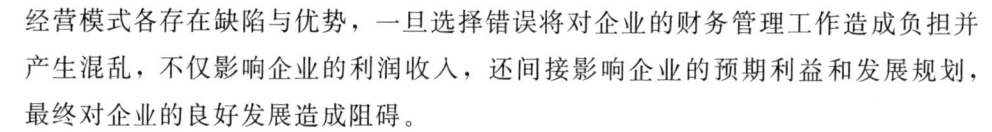

经营模式各存在缺陷与优势，一旦选择错误将对企业的财务管理工作造成负担并产生混乱，不仅影响企业的利润收入，还间接影响企业的预期利益和发展规划，最终对企业的良好发展造成阻碍。

3. 企业资金配置不合理

资金管理均衡性代表着企业经营发展过程中在各项目上的费用支出是否具有合理性，是否过于偏重其中一个或者多个项目，导致企业的资金配置不合理，资金支出数额多于资金收入数额，无法按照计划定期支付债务利息或者按期偿还债务。资金管理平衡是指综合分析企业的举债经营运作模式、举债数额和举债时间等因素，为企业的稳定、良好经营提供保证。

（五）企业筹资风险的规避

企业筹资管理会为企业带来筹资效益，也会带来一定的筹资风险。企业筹资风险的规避有利于切实保障企业的正常生产经营活动，可以避免因为负债筹资而导致的到期不能偿债的问题发生，能够在最大限度上避免净资产收益率的大幅度变化。筹资风险是企业筹资环节中的一个非常关键的因素，必须引起足够的重视。所以，企业一定要切实采取有效的方法来规避企业筹资风险，一方面要实现降低筹资成本的目标；另一方面要能够有效地控制各种风险因素。具体来说，为了实现企业筹资风险的规避，要做好以下五方面的工作。

1. 增强风险管理观念

在社会主义市场经济不断推进的新形势下，企业面临着越来越激烈的市场竞争，同时也面临着各种各样的风险，特别是在企业筹资管理中，更应该增强风险管理观念。企业必须结合具体情况进行全方位思考，最大限度地规避风险。在企业筹资管理的整个环节中一定要加强风险意识，应该时时刻刻对风险有一个清醒的认识，并进行科学地评估和预测，尽可能避免各种潜在风险带来的严重影响。

2. 进行科学有效的企业投资决策

企业筹资管理的目的就是投资项目。在投资的过程中，一定要进行科学有效的企业投资决策，才能真正促进投资项目的成功运营。进行科学有效的企业投资决策也是企业筹资获取成功的重要基础。要进行科学有效的企业投资决策就必须对投资的未来收益和风险进行有效预测，从而在一定程度上切实预防各种各样的筹资风险，切实提高企业筹资效率。

3. 做好企业生产经营管理工作，切实实现企业利润的提高

如果不能做好企业生产经营管理工作，那么企业就很难获得期望的经济利润。企业能否做好生产经营管理工作直接决定着企业能否获取最高的利润以及规避筹资风险。只有实现企业生产经营管理水平的提升，才能够在一定程度上降低企业正常运转所需的资金，从而实现企业筹资风险的防范。因此，经营者必须在重视企业筹资管理的同时，切实做好企业的生产经营管理工作，切实实现企业利润的提高。

4. 利用各种各样的防范方法来规避企业筹资风险

利用各种各样的防范方法来规避企业筹资风险是企业管理的一项非常重要的举措。具体来说，一方面可以防止企业向同一家银行进行贷款的现象的发生，而是应该通过分散借款、分散归还的措施来进行企业筹资管理。另外，企业在经营项目上也能够通过多元化经营的方式来实现有效经营。

5. 建立适当的企业资金结构，实现企业筹资风险的规避

在进行企业筹资管理的工作中，必须建立适当的企业资金结构，可以从以下两方面着手：一方面，结合企业的资金利润率和负债比率，进行企业筹资规模的科学有效的设置；另一方面，实现企业自由资金的不断扩充，达到降低企业筹资风险的目的。

第二节 筹资管理的现状及存在的问题

资金是企业的血液，是企业进行生产经营的必要条件。企业筹资是指企业向企业内部、企业外部相关单位和个人筹措并集中生产经营所需要资金的财务活动。企业为了扩大生产规模、开发新产品、提高产品生产技术水平等，需要增加投资，所以筹措资金是决定企业生存发展的重要环节，做好企业的筹资管理工作具有重要的现实意义，本节以中小企业筹资管理情况为例进行分析。

一、企业筹资管理现状

（一）小微企业筹资管理现状

首先，小微企业没有建立完善的管理制度，没有确定企业的最佳资本结构，

因此也无法对外部融资需求做出合理地估计和预测。小微企业在管理中并没有建立严格的规章制度，财务管理人员素质较低，没有能力为企业核算出最佳的资本结构。近几年来，随着我国小微企业的进一步发展，越来越多的企业对权益性资金的利用率降低而对外负债的比率却越来越高。

其次，国家对小微企业的政策扶持力度不够，小微企业融资的担保难问题依然突出。目前，国家已经出台很多小微企业的扶持政策，加大了对小微企业在财税、信贷等方面的扶持力度，小微企业的生产经营状况得到了很大的改善，但发展形势依然非常严峻。许多业内资深人士认为，担保问题是制约小微企业融资问题的关键因素之一。目前，为了对小微企业向银行贷款时提供担保，有些地方政府成立了各种各样的担保公司，用这种具有官方背景的担保公司作为连接小微企业和银行等金融机构之间的桥梁。但是，担负着官方使命的担保公司难以完全按照市场化的规律合理地选择小微企业进行担保。大部分的小微企业信用度都很低，在我国的担保体系发展滞后的情况下，担保公司在银行与小微企业之间充当的桥梁角色也不能很好地发挥其应有的作用。

（二）中小企业的筹资现状

1. 局限性

企业要想进行金融筹资就必须上市，而对于中小型企业来说，上市会面临着多方面因素的限制。如企业成立要超过 3 年，并且对企业的注册资本也有要求，这使中小企业在筹资上面临较大困难，对中小型企业的筹资造成很大限制。

2. 筹资困难

在我国，债券的发行主体必须是两个国有或国有独资成立的股份公司、责任公司，这直接将中小型企业拒之门外。并且股份有限公司净资产额要不少于 3 000 万元，有限责任公司净资产额则不能少于 6 000 万元，这使得符合条件的中小型企业少之又少。就目前情况来看，我国的中小企业采取这种方式进行筹资基本是无法实现的。

3. 金融行业经营造成的影响

资金对企业发展的影响是巨大的，因此，金融行业在经营过程中必须谨慎，这不仅对国民经济的健康发展影响巨大，还会对我国中小型企业的筹资造成不良影响，会直接导致中小型企业在发展过程中面临资金危机。

二、以中小型企业为例分析筹资困难的主要原因及对策

(一)分析中小型企业筹资困难的原因

1. 中小型企业经营稳定差,风险较大

中小型企业规模无法和大企业比较,同时在分析市场和信息收集以及成本投入上都会受到金融环境、经济环境的影响。中小型企业的这一特点,意味着中小企业在还款上具有很大的不确定性,这也是以稳健性为投资基础的银行机构不愿意承担的风险。中小企业与大型企业相比,其经营稳定性差,投资风险较大,而银行在投资上都以稳健性为基础原则,因此在投资上会尽量地减少或不给中小型企业贷款,从而将风险降到最低,这就阻断了中小企业筹资的渠道,增加了中小型企业在筹资上所面临的困难。

2. 担保资产不足

金融机构在向中小型企业发放贷款时,虽然很难获取到贷款过程中需要的决策信息,但是在发放贷款过程中可以通过企业抵押或由第三者担保的方式,对企业未来的偿还能力进行评估,从而对是否发放贷款做出合理决策。但是,中小型企业在筹资过程中,能够用于抵押的资产十分有限,商业银行对中小型企业未来的还款能力缺少信心,因此都不愿意向中小型企业放款。

(二)解决中小型企业融资困难的对策

1. 中小型企业要提升自身的信用

中小型企业在经营过程中,要想获取足够的资金,就需要不断地提升自身的综合素质和信用等级。中小型企业在运行过程中需要做好三方面的工作,具体如下:①对项目论证要科学,尽量对短期产生的行为进行规避,使企业生产的产品在市场中具有足够的竞争力。②对企业的管理必须要科学,例如,在企业内部建立合理的激励制度,用人要合理,企业在不同的发展阶段要进行适当转型,并且要不断地学习管理知识,对经营管理制度进行完善。③市场时机的选择要适当,其中包括市场时机的选择、产品的引进、资金的引进、产品生命周期以及资金成本的正确评估。中小型企业在经营过程中需要树立信用意识,要取得金融机构的信任,与金融机构建立相互信任的关系。

对信用市场进行规范,完善信用制度,营造一个良好的信用环境,提升中小

型企业的综合素质和市场竞争力。一方面，逐步完善中小企业信用结构和信用评价体系，使银行能够掌握中小型企业的信用信息，对诚实守信的企业要予以一定的表彰，通过树立典型的方式对信用管理的经验和模式进行推广；另一方面，在中小型企业内部应当建立信用机制，并对信用制度进行普及。在中小型企业中，要加强营销预警、合约管理、账款催收等。

2. 构建信用担保体系

信用担保是专业的担保机构为中小型企业所提供的一种服务，通过担保机构的担保，银行在向中小型企业发放贷款时，如果企业无能力偿还，信用担保机构代替中小型企业进行偿还的一种体系。信用担保是在经济高速发展的背景下，为克服中小型企业在筹资上遇到的困难，化解银行风险而采取的一种服务方式。信用担保解决了中小型企业在运行过程中寻保难、贷款难等问题，目前世界上许多国家都建立了信用担保体系，并且在运转过程中取得了不错的效果。中小型企业银行贷款难的一个最根本的原因在于中小型企业的信用低、缺少抵押物品。由此可见，建立一套完善的中小企业信用担保制度是解决中小企业筹资难问题的关键。

3. 买方贷款

如果企业生产的产品具有可靠的销路，但因为资金问题、财务管理差以及无法提供担保产品时，银行可以依据企业的销售合同，对产品购买方提供一定的贷款支持，产品销售方可以向购买方收取一定比例的预付款，解决产品生产过程中所面临的资金难题。

4. 采取多种渠道进行筹资，拓宽中小型企业的筹资渠道

加强政府的支持和建立健全的金融机构组织体系，允许新创设立或改建设立区域性股份制中小银行和合作性金融机构，对于一些经济发达、条件优越的地区，可以设立一些银行，专门为中小型企业服务，为中小型企业提供一些政策上的优惠。政府对中小型企业在筹资上的支持可以从以下三方面入手。第一，从政策上鼓励各地银行对中小型企业贷款上的支持。第二，鼓励中小型企业在筹资上的创新，结合中小型企业自身的特点，对中小型企业的资信评估制度进行改进，完善评估中小型企业的资信制度，对符合要求的中小型企业进行放款，开展授信业务；对有前景、有效益、信用良好的中小型企业，应适当地开展账户托管和公立理财业务，适当地放宽中小型企业筹资的准入条件。第三，适当地扩展中小企业的筹资渠道，促进多层资本市场的出现与建设。同时，应当大力支持满足条件

的中小型企业通过项目融资和股权融资的方式进行资金筹集，允许条件满足要求的企业尝试采取债权融资的方式进行资金筹集，还可以通过税收政策上的优惠，支持创业投资的开展，从而促进中小型投资企业的出现。在中小型企业发展过程中，政府应当充分发挥自己的职能，扶持中小型企业发展，中小企业应当理性地认识各种筹资方式，解决企业在发展过程中在资金上遇到的困难，从而使企业能够得到良好的发展，拥有一个更好的明天。

三、企业筹资管理过程中存在的问题及解决方案

（一）筹资管理存在的问题

当前，企业在筹资管理过程中还存在很多问题，这些问题限制了企业的长远发展，具体来说主要包括以下四方面。

1. 缺乏相应的筹资决策制度

不少企业在筹资方面并没有制定完善的政策和决策制度，没有进行整体和长远的筹资规划，总是等到资金急需的时候才开始筹集资金，这样就使得企业错过了最佳的经营机会和投资机会，甚至会造成企业资金周转困难，使企业陷入经营上的困境。另外，企业在筹集资金的过程中，没有制定筹资质量标准，也没有对筹资质量进行相应的评价。

2. 企业筹资的规模不够合理

不少企业的管理层盲目地认为只要钱多就好办事，片面地筹集资金。等到筹集的资金到位后，往往因为没有合适的投资机会、自身经营规模较小等原因使得资金闲置，从而增加了企业的财务风险。也有些企业因为筹集的资金不足，影响了企业的投资计划和正常业务的开展。企业筹资规模合理与否会给企业带来很大的影响，所以，在进行筹资决策时，企业应该合理地确定筹资规模。

3. 企业的筹资方式和渠道过于单一

企业进行筹资需要运用一定的筹资方式，通过一定的筹资渠道来完成。不同的筹资方式和筹资渠道具有不同的适用性和不同的特点。同一筹资方式能够筹集不同渠道的资金，同一渠道的资金可以采用不同的筹资方式，在实际筹资工作中，应该使筹资方式和筹资渠道有效配合。当前，我国很多企业仍面临筹资方式和渠道单一的问题，除了外部筹资，企业对企业内部的自有资金还没有加以充分的考虑和利用。

4. 企业缺乏对筹资风险的控制

任何筹资决策都是具有一定风险的，但是企业在进行负债筹资时，并没有树立良好的风险意识，不能充分地分析筹资风险产生的根本原因。因此，在应对筹资风险时就拿不出具有很强针对性的措施，不能很好地控制筹资风险。

资本是企业生存和发展的源泉与动力，筹资则是满足企业资本需求的首要手段。随着市场竞争激烈程度的加剧，企业用资项目、资金规模都发生了变化，筹资活动成为财务管理的重点工作。如何根据市场条件和企业发展需求选择恰当的筹资方式，防范筹资风险也就成为企业财务管理的难点。

（二）筹资管理问题的解决方案

1. 强化企业筹资管理意识

企业应把筹资管理作为财务管理的重要组成部分，最大限度地做好企业筹资管理工作，将资金成本意识和资金的时间价值观念运用于筹集的各个工作环节，合理运用科学的方法和技术确定企业的最佳资金结构，降低企业资金成本，提高企业资金使用效益。

2. 科学地对筹资规模进行测算

企业筹资活动的前提条件是合理地对企业资金的需求量进行预测。对企业资金的需求量预测要结合企业的生产需要、企业的财务管理目标和企业的经营目标等因素进行综合分析。现在企业中常用的资金需求量预测方法是销售百分比法，此方法是一个对增量的预测，其本质是在上一期期末的基础上去预估下一期收入的增长，即资金占用的增长。

3. 拓宽企业筹资方式，优化企业资金结构

企业应通过多种方式来筹集资金，以优化企业资金结构，降低企业资金成本。企业应改善自身的财务状况，提高还款能力，提高企业信誉，特别是企业的银行还款信誉，以确保企业可以及时、有效地通过银行借款来筹集企业资金。另外，企业依据自身的实际状况来增加新的筹资方式，例如，发行股票、利用留存收益、向社会发行企业债券、融资租赁、赊购商品或劳务等。

4. 强化企业资金管理，提高闲置资金使用效益

企业应强化资金管理，有效地发现导致企业资金闲置的现象，并采取相应的措施来合理利用企业闲置资金。企业应特别关注应收账款的管理，实行应收账款的定时定量分析，并将责任落实到人；制定应收账款回收制度，提高业务人员和

财务人员的应收账款管理意识，实现应收账款的及时回收。

第三节 筹资管理的创新策略

一、加强内部管理，完善财务制度

近年来，随着我国市场经济体制的不断完善，中小企业间的竞争越来越激烈。中小企业发展的根本出路在于改善和加强内部管理，不断完善中小企业的各项财务制度，促使中小企业整体管理水平不断提高，降低中小企业经营风险，保证其长期持续发展。首先，中小企业应该加快产权改革，明确责、权、利关系，要建立基础性管理制度，实现科学决策的战略管理。其次，还应重视人才资源的开发与管理，塑造一种富有本企业特色的中小企业文化，以增强企业的凝聚力，进而提高企业的竞争力，保证企业的长期持续发展。最后，中小企业应该加强和完善企业财务管理，确保会计信息真实、准确。目前，我国中小企业存在财务管理混乱、会计信息失真，导致中小企业筹资更为困难。所以，中小企业必须强化资金管理，重视和加强对投资项目的可行性分析，完善财务制度，增强信用观念，创造满足融资需求的良好条件。要建立合理科学的财务控制制度，强化财务监督和内部审计工作。

二、健全中小企业信用担保体系

当前，我国部分地区和行业的中小企业生产经营出现较大困难，一些中小企业因资金链断裂而停产倒闭，中小企业筹资难的问题更为突出。从社会稳定的大局出发，必须切实提高对中小企业信用担保重要性和紧迫性的认识，加快建立健全中小企业信用担保体系的步伐。一方面，要充分发挥政府以及信用担保机构在支持中小企业发展中的重要作用，提升中小企业信用，分散分担中小企业贷款风险，缓解中小企业筹资难的问题；另一方面，中小企业要不断完善自身信用建设，不断提升信用等级。

（一）建立中小企业联保贷款，为筹资提供信用保证

随着中小企业的蓬勃发展，但其本身具有规模较小、设备落后、技术管理水

平低下、信息闭塞、资金短缺和信用等级低的特征,资信相对较差,使得中小企业很难从银行中得到贷款。为解决上述问题,中小企业可以建立联保机制,实施市场联保贷款,例如,在专业市场中(钢材市场、家电市场、木材市场等)做担保贷款,一户企业申请贷款,几户企业联合做担保。也就是说,如果这个申请贷款的企业在规定期限内不能还上贷款,则由其他几家企业代还,与此同时,联保体制内的各个中小企业信用等级将全部被降低。这样,一旦联保体制中的某个企业逃避银行债务,联保体制内的各个中小企业会联合起来向其问责。维持声誉的重要性,使得联保体制内的各个中小企业逃避债务的可能性大大降低,从而使得银行向担保体制内的中小企业发放贷款的风险也大大降低,为中小企业筹资提供了一条独特的筹资出路。

(二)政府加大补贴力度,建立中小企业信用贷款

现有不少担保公司为中小企业担保,由于担保物品价值不够,往往贷款金额有限,解决不了中小企业筹资过程中的实际困难。为减少银行和担保公司为中小企业贷款和担保的压力,政府可以采取补贴方式,推动风险分担机制的建立。中小企业在信用记录良好的情况下,一方面,银行可以发放信用贷款;另一方面,政府应加大对银行的补贴力度,在条件许可范围内可以核销中小企业不良贷款。银行、担保机构采取签订协议的方式,约定担保贷款出现坏账损失时各自承担一定的比例,同时确定政府财政分别给予一定比例补贴。政府加大补贴力度,建立中小企业信用贷款机制,是解决中小企业筹资难问题的着力点,也是关键所在。

(三)加强中小企业自身的信用建设

现在,各级银行和担保公司发放贷款时,主要注重"三品",即人品、产品和抵品。人品——企业信用情况和企业法人代表信用情况、企业实际控制人的信用情况;产品——产品是否适销对路、上下游企业的谈价能力和销售收入回款情况;抵品——抵押物的价值、抵押物的变现能力和抵押物的保管。其中,人品是各级银行和担保公司比较看重的,位列第一位,信用是市场和市场经济的生命线,要想推进中小企业的信用建设,作为中小企业本身一定要注重、规范自身的信贷行为,建立其自身良好的信誉。

(四)完善中小企业信用担保相关政策法规建设

近年来,以中小企业为服务对象的中小企业信用担保机构发展迅速,担保资

金不断增加，业务水平和运行质量也在稳步提高，但是我国现有的有关中小企业信用担保方法的法律规范还存在一定不足。首先，担保行业的国家主管部门还比较模糊，事实上，围绕着对担保机构的管理有很多管理部门。其次，立法层次较低，担保行业尚未形成统一规范，缺乏配套的法律支撑。最后，担保法对担保行业的法律保护力度不够。

三、建立有利于中小企业筹资的金融筹资体系

（一）设立中小企业发展专项基金

随着经济的不断发展，中小企业在社会发展中所起的作用越来越大，为充分体现政府对中小企业的扶持和重视，应该建立政府出钱出力的引导机制。在建立引导机制的基础上，各级财政应设立中小企业筹资专项资金，各区县设立配套资金，目的有二：其一，在于增加中小企业担保机构资本金以及商业银行和担保公司的坏账补贴；其二，在于完善中小企业信用体系建设，充分发挥公共财政的杠杆作用，体现政府在解决中小企业筹资难问题上发挥的主体作用和政策导向作用。

（二）建立专门面向中小企业筹资的政策性银行

我国中小企业数量庞大，分布范围广。由于我国中小企业存在着严重的信息不对称，导致筹资过程中交易成本提高和风险加大，金融机构，特别是大银行，一般都不愿意向中小企贷款。我们可以借鉴国外的先进经验，建立专门面向我国中小企业筹资的政策性银行，专门为中小企业服务，促进中小企业发展。

第六章
投资管理的创新

第一节　投资管理的概念及要素
第二节　投资管理的现状分析
第三节　风险投资管理的创新分析
第四节　投资管理的创新路径

第一节 投资管理的概念及要素

每个企业投资的目的都不同，但概括来说，企业投资是为了企业的成长，为了获取利益，从而实现企业的发展目标。企业在一定时期将利用价值不高的资金投入到特定的项目中去，不但有利于企业的成长和发展，还能带来一定的投资收益，有助于企业占领市场，做大做强，并有利于企业提升社会形象，提前布局战略要地。所以说，企业投资的成败，特别是重大投资，对企业今后的经营起着至关重要的作用。因此，做好投资管理是当今企业的必修课程。

一、企业投资管理概述

企业投资管理是企业管理中的一项重要内容。以前的投资管理只是企业财务管理中的一个项目而已，只是单纯地从财务指标方面对其进行分析和研究。现在，随着我国现代企业的不断发展和壮大，资本市场规模的不断扩大及市场环境日新月异的变化，投资管理已经上升到财务管理的范畴之外，它不但包括财务管理的内容，还包括决策管理、人员管理和营运管理等许多方面。科学的投资管理对企业的健康发展具有重要意义，主要体现在以下四方面。

(一)促进企业战略目标的实现

企业为了提高资产的利用率，把资金投向更有利于企业发展的方面。通过研究和分析，选择适合于本企业的投资方案，经过对投资项目有效地控制和管理，并严格监管投资项目的投入与执行，以达到投资目标，获得投资收益，优化企业资产结构，提升企业的竞争力，促进企业战略目标的实现。

(二)促进企业对投资进行规范化管理

对投资行为实施有效管理的基石是投资决策的科学性，投资决策是否科学主要体现在投资方案应是为其量身定做的，企业必须在投资前做好对市场环境的研究，仔细分析投资风险。在市场经济条件下，企业进行投资决策分析时，必须掌握投资环境复杂性、多变性的特点，熟悉投资环境的性质与发展变化，认清投资环境各要素对投资项目的影响，提高不断适应投资环境的变通能力和行动能力，能随时按照投资环境的变换特质，采用适合的策略来应对。

投资决策时要重点分析投资方案的可行性和各类型风险对投资方案的作用力，做到全面掌控企业的投资行为和执行过程，以确保投资的实施能严格遵照投资方案的规划来执行，避免因投资管理的漏洞而带来的投资风险，提高投资的效率。

（三）促进企业规模化地发展

通过科学地投资管理可以提高企业资产的盈利能力，扩充企业的规模，提高企业的整体效益。通过投资能提升企业资金的利用率，也能使企业获得较高的资本报酬率，上升到企业战略的层面，实现企业的多元化经营目标，取得新的利润增长点，改善企业的经营环境。

（四）提升企业自身的管理水平

随着我国的社会经济的不断发展，这也是企业优胜劣汰的一个过程。不管是何种行业，只有管理水平高、具有现代企业管理制度才能在残酷的竞争环境中留下来。投资企业必须根据市场的变化，及时调整投资项目的管控措施，以实现最大限度的投资增值，在不断探索投资项目的管理体系，完善投资管理制度的过程中，持续审视自身的管理模式，出台防范与化解本企业经营风险的措施，从而加速企业管理能力的提升。

二、投资管理要素分析

投资活动对企业的生存、发展具有决定性的影响。在一个正常的企业经济运营中，每一项投资都是在相对开放的、不确定的环境下开展的独特的、一次性的活动，投资一旦实施，则不可挽回，尽管还可以通过转让、拍卖等其他形式回收，但必然伴随着损失。加强投资管理，提高对投资项目的决策水平和管理水平，成为企业经营规范投资行为、防范投资风险、提高投资收益的基础。而就我国目前大部分企业的投资项目来说，并没有建立起科学有效的投资决策机制，盲目性和随意性的项目投资行为以及缺乏有效管理和监督的投资管理机制，致使项目投产后所产生的经济效益与设计指标存在较大差距，项目的经济运行质量不高，给企业造成了巨大的损失和浪费，甚至直接影响企业的生存和发展。为了确保企业建设投资项目的高效运行，实现企业投资项目的良性发展，有必要对企业项目投资的相关管理进行科学的分析。

(一)强化企业投资风险意识,形成长效的投资风险控制机制

企业在进行一系列的投资活动时必须强化风险意识,并形成长效地投资风险控制和风险防范制度体系。大部分投资的对象都是企业自身,因此,投资的风险以及风险爆发后的经济损失也必须由企业自身承担。企业只有具备了投资的风险意识才能在投资时充分考虑自身的经营情况和财务状况等,才会在投资实施时严格遵守国家的相关政策措施,避免投资到技术水平超过企业自身能力的领域以及投资规模大于企业筹资能力的领域中;才会对任何一个投资项目持以谨慎的态度,杜绝盲目投资的现象。同时,企业要建立完善的投资环境分析系统及投资风险控制系统,实施多元化的投资战略,合理配置企业的财务资源,建立一套包含完整投资活动的风险防范机制,减少投资风险积累爆发的概率。

(二)加强企业内部的投资管理和企业投资后期的审计验收

企业内部的投资管理体系包含了企业投资活动和投资决策的所有过程,贯穿于企业投资的整个环节,很多投资项目的失败大多是由于在投资过程中没有进行有效监督控制,没有实施有效防范措施。首先,企业要建立专业的投资管理监督职能部门,对项目各个阶段的实施过程和结果实行严格的审核,保证投资项目和投资活动的真实性和有效性。其次,企业要积极贯彻落实投资管理中的责任制度,将投资决策的各个环节与其对应的责任具体到每一个工作人员身上,实行有效的奖惩措施,提高决策人员和管理人员的责任意识。当然,企业也必须在投资过程中对相关项目内容进行审计验收,以便及时发现问题、解决问题,有效地防范投资风险。

(三)企业要建立完善的评价体系,适当建立重大项目的投资终止机制

企业投资是涉及企业经济利益的重要活动,必须对其进行科学化、专业化的管理,通过建立完善的评价体系,将投资活动中涉及的不确定性因素及其带来的经济损失降到最低水平。完整的投资评价体系包含了投资项目的评价制度及投资责任的落实追究制度,投资项目的评价制度是为了保证对投资活动中每一个可量化的指标都要进行科学的评价,从而保证每一个决策的成功实施。投资责任的追究落实制度就是为了提高投资决策人员的风险和责任意识,保证他们在做出具体

的投资决策时必须进行充分地分析、判断，避免因为盲目投资带来的经济上的损失。同时，企业要适当建立重大项目的投资终止机制，即当一个项目因为风险的积累则出现严重的损失，短期内如果无法扭转这种局面，就可以发挥这种机制的作用，及时制止项目的进行，避免因为管理人员的主观作用造成更大的投资损失。

第二节 投资管理的现状分析

投资管理隶属资产管理一类，主要目的是让企业的有限资产得到最大化利用，从而让这些资产在企业经营管理的过程中产生更多经济效益，便于企业合理、有效地对资产进行分配，使企业拥有的资金能够在多方面得到应用，借助多条途径让企业获得更多利益。在经营管理的过程中，想要进一步得到发展，始终离不开充足资金的支持。企业可以充分利用闲置资金进行投资，从而获取更多的经济收益，进一步增强企业的综合实力，彰显更多竞争优势。随着我国市场经济体制的不断完善，公司投资管理呈现出多样化、多元化的发展态势，在此发展形势下，投资也面临着一系列的问题，比如投资风险的加大，内外部诸多因素的影响等。因此，企业在开展金融投资管理工作时，要提高风险识别能力和抵抗能力，强化管理效能的构建，进而为企业的长效发展奠定良好的基础。

一、投资管理在企业管理工作中应用的意义

（一）帮助企业降低投资风险

在管理工作中，为进一步扩大自身发展规模，迅速在市场竞争中建立优势，多数企业都会采用组合投资的方式，利用闲置资金同时对多个项目进行投资，通过这种方式获得更大的经济效益，以期为企业其他经营项目提供充足的资金支持。如果投资失败，企业不仅无法获取收益，严重的话还可能会导致自身资金链断裂，最终陷入经营困境。因此，企业在管理工作中，能够在开展投资之前对投资风险进行评估，在投资过程中也能够对自身行为进行调整和控制，使投资风险降低。可以说，投资管理有助于企业最大化降低投资风险，避免企业在投资失败的情况下陷入经营危机。

(二)提高资金利用率

在企业经营管理的过程中，可持续发展是其根本目标，因此企业往往希望通过再投资的方式获得更高的利润，以提高资金利用率。高效的投资管理能够为企业的发展夯实物质基础，让企业投入的有限资源获得最大回报，提高企业的资金利用率，从而增加企业收入，让企业在未来得到更好的发展。目前，我国部分企业利用闲置资金进行投资，使得企业虚拟资产不断增多，这也成为企业当前获得收益的一大途径。

(三)创造更好的发展空间

企业积极开展投资管理工作能够同时对内部资金、项目和人才等问题进行综合分析，这将为企业创造更好的发展空间，为可持续发展提供重要的现实依据。企业发展需要以内部人才为基础，综合企业内部存在的各种因素，加强对各类因素的管理，有助于优化企业内部工作环境，与此同时，企业的发展空间也将得到有效拓展。例如，企业积极对投资管理人才进行培育，能够进一步增强自身核心竞争力，便于企业在参与市场竞争的过程中占据更多优势。

二、解决企业投资管理问题的具体措施

(一)做好投资管理的统筹规划工作

要做好投资管理的统筹规划工作要从以下四方面展开。首先，企业应利用大数据、云计算、区域链和人工智能等新兴技术去创新、完善金融投资管理模式，做好金融投资管理的统筹规划。例如，企业在对金融投资进行管理的过程中，应需要结合具体的考察报告，有针对性地优化金融投资管理方法，积极构建信息化监督管理系统，全方位、实时监控各种金融投资活动，确保领导层能够第一时间掌握金融投资项目的盈利或亏损情况，以便对其进行适当调整与改进，从根源上防范巨大风险的出现，全方位、多层次地做好金融投资管理的统筹规划工作。其次，企业在进行金融投资管理时，需要设计复合投资方案与发展规划，审时度势地选择最佳的金融投资产品与投资时机，实现企业经济效益和社会效益的双重发展。与此同时，企业在进行金融投资管理的过程中，应充分保证资金核算的精准性和合理性，只有这样才能帮助企业正确预判金融市场的发展形势，进而做出科学、有效的投资规划。最后，企业应加强对投资决策程序与执行过程的重视，明确金融投资管理在运营发展中的地位，严格要求财务人员的工作行为与工作态度，从而最大限度地降低金融投资风险系数，切实保证金融投资管理机制的贯彻落实。另外，企业在进行金融投资管理的过程中，应认真核实每一笔资金的收支情况，并根据相关数据报告，减少资源闲置、资金浪费等问题，努力推动企业的高质量发展与进步。

(二)加强金融投资管理内部审计监督力度

针对金融投资管理中的现存问题，企业除了要做好统筹规划之外，还应结合金融投资管理情况，建立健全内部审计管理体系。首先，企业管理者应高度重视内部审计监督工作，适当加大内部审计的资金投入与人才配置，设置专门的部门权限与内部控制小组，对接金融投资管理工作。通过创设良好的沟通交流环境，强化内部审计部门与财务部门的密切关联。其次，在进行金融投资管理过程中，审计部门应加强对金融投资风险和内部审计的关注力度，进一步完善内部控制制度和岗位责任制度，明确各部门、各岗位人员的工作权限与岗位职责，以此来保证金融投资活动的顺利进行。最后，企业还需要与政府部门、财务机构、会计部门联合起来共同搭建外部信息化监督体系，不断提高内部财务人员的综合素养，运用轮岗制度实现财务活动在企业金融投资管理中的全面覆盖，努力推动企业的高质量发展。

(三)完善金融投资风险监督管理机制

完善金融投资风险监督管理机制对于企业投资管理有关重要的意义，具体从以下方面进行操作。第一，在金融项目投资之前，企业应综合考量影响投资效益的各种因素，明确不同时期的投资方向，合理规划、配置内部资金，并针对市场环境的变化趋势，规范内部人员的风险防范意识、责任意识以及领导层的投资行为。第二，企业应充分运用大数据、互联网等新兴技术优势，重点分析投资项目的市场情况与投资效益，结合自身的发展需求，选择最符合企业战略发展的投资形式。第三，企业需要将金融投资管理与风险管控相结合，高度重视事前、事中、事后的分析整合工作，结合投资环境和业内动态，做好金融投资管理的风险控制工作，减少不必要的经济损失。第四，为切实提升金融投资管理质量，企业应广泛收集、整理财务信息与风险数据，积极构建风险预防控制预警系统以及信息处理平台，在快速传输数据信息的同时，确保金融投资项目的可行性，努力推动企业的现代化发展进程。

（四）注重内部人员专业素养与技能培养

在大数据时代，企业想要提升金融投资管理的质量与效率，还应注重内部人员专业素养与技能的培养，做好企业金融投资管理的人才引进与队伍管理工作，持续提升企业自身金融投资管理的专业性与科学性。从企业的角度出发，可以根据内部人员的工作状态，构建多元化的绩效考核体系与薪酬福利政策，既要充分调动工作人员的工作积极性和主观能动性，又要增强员工对企业的依赖度和认可度，使其能够为企业的长远发展出谋划策。同时，企业还需要定期组织培训活动或外出进修等形式，加强对复合型人才的培养，不断丰富投资管理人员的知识储备与综合能力，进一步优化内部人才结构，促进企业金融投资管理水平的全面提升。

综上所述，企业金融投资是促进企业经济效益发展的重要手段，不但能够提高企业的偿债能力，而且能够支持企业使用闲散资本获取投资收益。企业要想适应新时代市场经济发展的潮流与规则，并谋求自身不断发展壮大的目标，就一定要在金融投资方面进行更多的改革创新。在未来经营管理的过程中，企业应当注重金融投资管理制度建设、人才队伍建设及内部审计管理体系建设，依托完善的制度体系，实现对金融投资管理工作的有效引导和对金融投资管理人员的有效约束，尽可能提升金融投资管理工作的成效。同时，企业及其相关管理人员必须具备较强的风险意识，注重对金融投资风险进行事前评估，提前制定风险防范和应急处理措施，为进一步提升金融投资效果、增加企业经济效益创造良好的条件。

第三节　风险投资管理的创新分析

企业风险投资是一个相对封闭、高度竞争且没有多少差异化的市场。大多数企业提供的都是完全相同的产品。因此，从投资行为的角度来讲，风险投资是指把资本投向蕴藏着失败风险的高新技术及其产品的研究开发领域，旨在促使高新技术成果尽快商品化和产业化，以取得高资本收益的一种投资过程。由于我国中小企业规模较小，抵抗风险的能力较差，并且缺乏此领域的相关专业人才和经验,因此中小企业更应该加强投资风险方面的管理体系建设。

一、风险投资及其属性

狭义上讲,风险投资是投资者向创业企业提供的种子期、早期以及发展所需的资金,以获取目标企业的股权,最终获得高额回报。广义上讲,风险投资资金是由投资者、私人企业提供所有权益性资金获取目标企业的股份,并使资本获取最大限度地增值。风险投资具有以下两个属性。

(一)风险投资的权益性与战略性

一般投资的价值分析与判断是建立在物质价值基础上的,重视对有形资产的精确计算,而风险投资更加注重无形资产特别是权益的价值。它不同于借贷与国债一类投资只是追求眼前可见且基本确定的利息,也不同于一般经营投资只追求基本可预计的短期收益。风险投资追求的是极不确定且成功可能性极低的未来的极大增值价值。这种未来极大的增值潜力就是风险投资的战略目标。人们之所以愿意做出这种眼前实现不了的收益,甚至遭受损失而未来成功性又极低的投资,正是为了换取未来可能的极大增值的权益。风险投资提供的是资本支持,除拥有股权外,往往还约定享有知识产权、未来增资扩股的权利以及投资成功、经营成功后的经营权甚至产品的经销权等。权益性是风险投资最基本的属性之一,而也正因为风险投资拥有的权益性才保证了其投资一旦成功会获得比一般投资大得多的增值,这种权益价值往往远超过实物价值。与风险投资权益性相随的另一个属性就是风险投资的战略性。相对于一般投资而言,风险投资追求的目标显得相对遥远而缥缈,属于战略目标风险投资,愿意做出眼前获取不了收益甚至遭受损失的投资,正是为了未来的极大增值这一战略目标。

(二)风险投资的高风险性与高增值性

风险投资承担的风险属于一种对投资结果的极不确定性以及对实现投资战略目标的极低可能性的描述,而不是指投资资本金遭受的损失程度。一般情况下,其遭受损失的程度是有上限的,都不会超过本金。因此,可以选定风险投资战略目标实现成功的概率作为评价风险投资的指标,还可以用风险投资的增值率作为评价其投资收益的指标。风险投资的战略性表明,风险投资从初始投资到战略目标实现有一个过程,要经历众多不确定的状态变化,因而需要进行多次决策。通常把风险投资分为种子期、导入期、成长期与成熟期四个阶段，而且每一阶段也在经历多次状态变化，因而也涵盖多次投资决策。

二、风险投资的运行模式

风险投资的运行模式是与地区的技术现状、市场环境及政策法规有关的投资行为方式。要判断何种模式适合自己的国家或地区，首先要了解风险企业有何特征，风险企业和风险投资在本国或本地区的发展情况如何。其次，还要了解其他国家是如何运作的，有没有可行的国际惯例。

（一）风险企业的特征

研究开发高新技术产品的风险企业，通常具有以下特征。

1. 企业的创始人是懂技术且有经营头脑的科技人员

他们先有研究成果，然后想建立企业以开发新产品。但这些人往往缺乏启动资金，初始开发工作常常是在"家庭车间"中进行，工作条件差，非常辛苦。

2. 需要寻找资本的合作伙伴

即知识资本与金钱资本结合，才能开发出"市场产品"。许多高新技术，由于得不到资金的支持，或束之高阁，或半途而退。

3. 风险企业起初大多属于小企业

大多由科技人员个人或小组发起，这些人大多在大型研究机构或大公司工作过。一般的大企业对于本行业无直接关系的新技术成果，往往宁愿让发明者自找出路或帮助其另立新公司。但对于与本行业有直接竞争的新技术成果，则愿意本公司自己开发，这时，开发资金一般是从公司其他产品的盈余来进行支持的。

4. 灭亡快，成长也快

风险企业一旦开发成功并且获得广泛的市场认可，则会高速成长。但多数的风险企业由于技术或市场的原因，也可能很快就灭亡。因此，大多数风险投资公司都要采取分摊风险和化解风险的做法。例如，采取组合投资的方式，把资金分散投向多个风险企业；又如采取联合投资方式，由多家风险投资公司共同向一个风险企业投资，以分散风险。

（二）高新技术风险投资引起广泛关注的原因

从现有的政策法规看，支持高新技术产业开发的资金，主要来自银行贷款，而且贷款期限一般为1~3年，某些高新技术项目可适当延长，最长不超过5年，贷款利息按人民银行颁布的利率执行，并且贷款者必须具有法人资格，即贷款利率没有优惠，从事科技开发并有研究成果而想自己创业的个人或小集体是很难得到贷款的。

从减免税的有关规定看，只有能生产"出口产品"的企业有减免税的优惠，还有来料加工企业有减免税的优惠。若无产品出口，也不是来料加工企业，尽管是将来很有发展前途的高科技企业，也无减免税的优惠，而且银行本身无评估高新科技性质的机构和人才，只能依靠科委的各类科技开发计划来放款，对风险难以预测。近年来，如北京、上海、广州、深圳等少数地区，自己制定地方性的政策法规，除了支持开发已成熟的高新科技产品之外，开始重视自己具有知识产权的、有期望值的新产品，并开始意识到风险投资的重要性。

三、企业风险投资管理创新机制思路

（一）加强宏观经济的研究

宏观经济学是相对于微观经济学而言的。宏观经济学研究社会总体的经济行为及其后果，它涉及经济中商品与劳务的总产量与收入、通货膨胀与失业率、国际收支和汇率以及长期的经济增长和短期波动。由于企业发展与宏观经济发展具有高度统一的关系，基于企业工商登记数据构建的企业发展指数对宏观经济具有先行性。另外，企业风险投资在我国市场上相对还比较陌生，企业风险投资管理的意义重大，但出现的问题也较多，所以有效的宏观经济研究管理方法和措施对企业来讲十分重要。通过对宏观经济的研究可以合理引导市场主体的经营活动，引导市场主体战略决策和业务调整，减少经营的盲目性，避免市场风险，节约生产和交易成本，增强市场竞争力。

（二）积极防范经营风险

加强企业的风险防范意识与能力，降低企业的风险成本，从而形成整个市场良好的风险防范机制。必须预测本企业能够占有多大市场份额、市场需求大小，只有充分了解市场情况才能防范市场风险。

(1)规模投资，化解成本风险。目前我国大多企业效益不佳的原因之一就是未能形成规模投资效益，运营成本高，无竞争力。

（2）树立战略思维，注重价值创新，倡导不断学习，才能有助于提高企业各方面、各层次的能力，有利于研究探索新的方法，寻找新的市场机会，才能适时实现市场各方的价值飞跃。企业需要从领导层到全体员工都高度重视风险防范与控制意识，对企业所处的环境有准确把握，对市场变化保持高度的敏感性，使得企业全体员工都参与到风险防控建设和内部控制中来，营造出提高企业效益、加强风险管理的氛围。

（三）财务控制风险实施策略

企业的风险投资控制还可以通过经济手段进行处理和控制。企业可以采取风险转移和风险自留来实现风险的财务控制策略。财务风险是企业筹资决策的结果，表现在普通股收益率的变动上，如果企业的经营风险和财务风险大，投资者便会有较高的收益率要求。因此，我们先要优化财务管理制度。财务管理制度的设计起着举足轻重的作用，企业通过制定一定的系统、程序、规章制度、法律法规等来保证财务管理方面的有效实施。在进行投资的时候对投资项目的财务评价是必不可少的，它直接关系到投资项目的价值认定问题。

当今市场经济环境下的企业竞争激烈，面对更加多样化和复杂化的投资风险，企业都不同程度地出现了在项目调查阶段对很多风险估计不足的问题，但是使用相关的定量分析方法进行改进的很少，从而在一定程度上造成了企业在投资前对风险的规避不力。因此，企业首先要对投资风险进行评估，然后进行有效地控制与管理，从而将风险导致的损失减少到最低，最终实现企业价值目标的最大化。

第四节　投资管理的创新路径

随着经济的不断发展，企业面临的竞争越来越激烈，企业的投资管理越来越重要，技术拉动市场、管理创造优势。由于社会环境的影响，企业在投资管理方面没有有效的管理方法，给企业造成巨大的经济损失，因此，强化投资管理创新就成为新形势下竞争取胜的根本保障。

一、企业投资管理创新的重要性

随着时间的推移，对企业运营起导向作用的传统的管理理念受到了现代多元

第六章 投资管理的创新

素的冲击和限制，管理创新成为必然趋势。管理创新是企业适应外部环境变化、实现企业发展愿景的内在需要。对管理创新进行清晰的界定，全面分析管理创新的有利因素和阻力，深入探索实践管理创新的方式方法，对指导企业有意识开展管理创新活动，提升企业竞争力具有十分重要的意义。

多年来，绝大多数企业管理者顾全大局，锐意改革，为现代化建设和改革开放事业作出了贡献，但是目前在管理创新中仍有一些与市场经济不相适应的地方，还有一些不容忽视的问题。在管理理念上，企业管理者是企业发展的核心力量和中流砥柱，企业的管理者对企业的发展起着关键的作用，企业的团队状况、整体素质以及管理理念是最重要的，因此，管理理念的改革与创新是非常必要的，而传统的管理理念在新形势下，必然会产生矛盾，因此，顺应新形势并适宜地改变管理理念是非常重要且必要的。首先在管理决策上，企业管理者的存在靠经验和主观判断来进行决策，而不是充分运用现代信息系统和掌握多方面的信息去进行分析，究其原因，由于受旧有观念和旧有管理体制的长期影响，使企业管理缺乏民主、监督机制和规则的把控。传统的、经验性的管理方法作为一种强大的习惯势力还一时难以摆脱，而创新的管理方式也在企业新型制度下逐渐建立和发展起来，如何将二者有效融合，衔接需要企业整体共同去关注、去探索。其次在管理战略上，企业管理存在只重视生产管理而不重视开发经营，使得营销管理在企业创新中没有发挥出应有作用，因此，企业可以从问题入手，结合当前形势发展状况以及企业自身实际情况，寻找对应解决方案，采取适宜的管理创新来促进企业的后续蓬勃发展。

管理创新包括管理思想、管理理论、管理知识、管理方法和管理工具等方面的创新。按照管理职能的不同，管理创新可分为目标、计划、实施、控制、领导、组织和人力资源等管理职能的创新；按照业务组织的分类，管理创新可分为管理模式创新、竞争战略创新、业务流程创新、标准创新、企业文化创新、组织结构创新和管理制度创新；按照职能部门的不同，企业管理创新可以分为研发管理创新、生产管理创新、市场营销创新、供应链管理创新、人力资源管理创新、财务管理创新和信息管理创新等。对企业而言，无论是进行具有全局性还是局部性的管理创新，其目的都在于变革和改良企业各类资源的配置方式，提高企业利用各类资源的效率，提升企业的效益水平，更好地适应当前及未来各种外部环境的变化，更好地实现企业未来的发展愿景。创新是一个企业生存和发展的灵魂。对于一家企业而言，管理创新可以提高生产效率，降低生产成本，改变目前的状况。决策创新可以使企业的日常运作更有秩序，便于管理，同时也可以摆脱一些旧的体制的弊端。思想创新是相对比较重要的一个方面，领导者思想创新能够保障企业沿着正确的方向发展，员工思想创新可以增强企业的凝聚力，发挥员工的创造性，间接地提高企业的执行力，为企业带来更大的效益，也为企业每个员工带来最大化的利益。创新是一个民族进步的灵魂，也是国家兴旺发达的不竭动力，更是企业发展经久不衰的动力源泉。创新可以探索，但必须遵循事物发展的规律，只有根据企业的发展规律进行管理创新，企业才能够实现可持续发展。

任何企业管理模式都同其他事物的发展规律一样，有它自己的生命周期，有一个产生、发展、完善直到消亡的过程。因此，随着企业内外部条件的不断变化，旧的管理模式还在进行时，已经孕育了新的管理模式，这是企业管理创新的客观要求。管理主体必须抓住时机，顺应企业发展的规律，顺应新形势下的发展要求，适时进行管理创新。管理创新对于善于学习的企业管理者来说是企业发展的一次机遇，他们可以更好地利用它对企业管理进行换代升级，让企业管理更加科学、高效。当然，企业管理者也不能脱离企业发展的实际情况，盲目求大求新，导致企业发展目标与企业状况，特别是人才状况有太大的距离，求新才是最好的境界。企业管理创新是一项系统工程，只有面对市场，根据顾客要求，企业才会不断地发展壮大，长盛不衰。

二、企业投资管理创新的方法与建议

（一）投资管理创新途径

目前，在企业的投资管理中存在很多问题，使得大多数企业不能进行有效投资，造成企业投资的收益降低，加大了企业的投资风险，企业出现很大损失。对投资管理创新的方法途径有以下三方面。

1. 对企业投资管理理念的创新

所谓投资管理理念是管理者在管理活动过程中所持有的思想观念和价值判断，管理者要重视企业投资管理理念的创新。

2. 对企业投资管理员工上的创新

企业要给企业投资管理员工提供各种成长和发展的机会，一定要重视企业投资的人才管理，制定措施让物质奖励与精神激励合二为一，让企业与投资管理人才达到双赢。多数企业都会采取精神激励，把投资管理人才的主动性、创造性和积极性调动起来，其目的就是追求利润最大化。

3. 对企业投资管理制度的创新

思维创新、技术创新和组织创新活动都达到制度化、规范化，因此，企业需要制定一套行之有效的管理制度，执行周全的风险防范措施，加强事前、事中、事后的风险管理与控制，将风险损失降到最低。

（二）创新企业投资管理措施建议

1. 企业投资前要广开言路调查研究

投资决策是一个长期的过程，会受到很多因素的影响。在投资管理全过程中的每一个重要环节，企业投资决策人都应保持谦虚冷静，要有自省自律的清醒心态。广开言路，在技术、财务、市场、经济评价和社会等方面严加考察，然后进行投资决策；对投资项目进行科学的预测分析，制作项目建议书、可行性研究和调研报告等。要组建能够胜任投资管理职责的智囊团，只要科学制定投资决策，项目投资就会降低风险，经验得到积累，就会为今后的投资提供更加翔实的资料，为后期的企业投资管理打牢基础。

2. 执行周全的风险防范措施

当前形势下，以下任何一种风险被忽略了，都可能给企业的投资行为带来不可估量的损失，这些风险包括投资风险、市场风险、信贷风险、营运风险、法律风险和技术风险等，这些不同的风险类型都直接或间接地影响着企业的投资。为了将风险预警与防范措施做到最好，大多企业都会在企业发展和不同时期对投资产品进行合理定位，把这些风险类型系统性地进行分析与管理，这样做是十分必要的。因为只有对不同投资时期的不同投资产品所面临的风险分别制定有效的风险防控措施，才能在投资的全过程中保证监管的有效性。同时，要在结束时做好评审验收工作，及时进行归纳总结，最终实现效益的最大化。

3. 时刻关注是否存在通货膨胀

通货膨胀会影响到项目资金的资金成本率和项目预期的现金流量，所以大家知道投资产品的选择和投资方案的优先顺序和通货膨胀有着直接的关系。但是很多企业在平衡成本与收益时，对通货膨胀考虑得太少甚至缺失，因此，对企业根据预期投资收益而做出的投资决策也是值得怀疑的。值得怀疑时就表明影响投资资本收益核算的两大指标都失去了合理性，那么企业也必将承受不可估量的风险损失。

随着经济全球化步伐的加快，企业投资管理不再是孤家寡人，在我国企业投资规模越来越大、投资品种越来越丰富的今天，更多的企业会参与到市场化的投资管理中来。只有通过创新投资管理方法和采取行之有效的办法，企业才能最大限度地规避风险。

参考文献

[1]万勇. 基于预算、成本、绩效一体化的现代医院财务管理机制建设[J]. 知识经济, 2023(3): 109-111.

[2]陈玉慧. 内部控制视角下企业财务管理优化路径探讨[J]. 全国流通经济, 2023(4): 32-35.

[3]李萍. 财务预算管理与企业管理创新研究[J]. 财会学习, 2020(3): 91-92.

[4]杜博. 企业加强财务预算管理与创新研究[J]. 商场现代化, 2019(23): 168-169.

[5]赵欢. 大数据时代的企业业财融合研究[J]. 财会学习, 2023(5): 25-27.

[6]杨有红. 研究开发的经济性质与财务管理创新[J]. 中国流通经济, 2022, 36(5): 55-64.

[7]汪薇. 数字时代公立医院财务智能化系统建设实践研究[J]. 会计之友, 2022(5): 13-18.

[8]宿宝琴. 网络背景下企业财务管理模式的创新研究[J]. 财经界, 2022(8): 86-88.

[9]刘昭, 张帆, 向贵圆, 等. 基于风险管理的创新药支付准入案例分析及实施建议[J]. 中国医疗保险, 2022(4): 22-27.

[10]张标宏. 浅析《政府会计制度》与《企业会计准则》的差异[J]. 财讯, 2022(7): 19-21.

[11]李敏安. 大数据时代医院财务管理创新应用研究[J]. 财会学习, 2022(22): 27-29.

[12]王海梅. 大数据背景下职业院校如何实现财务管理转型[J]. 品牌研究, 2022(34): 245-248.

[13]罗玉平. 行政事业单位财务管理问题及对策研究[J]. 财讯, 2022(19):

109-112.

[14]王芳.现代企业财务预算管理中存在的问题及解决对策[J].品牌研究，2022(3)：211-213.

[15]杨曦.业财融合模式下施工企业财务管理创新研究[J].财会学习，2022(34)：19-21.

[16]简琪.预算绩效管理与事业单位财务管理模式的探讨[J].财会学习，2022(22)：15-17.

[17]黄雪辉.数字化环境下企业预算管理的创新路径研究[J].环渤海经济瞭望，2022(11)：96-98.

[18]王磊，马宇飞，杨园园."互联网+"背景下高校财务管理智能化应用研究——以吉林艺术学院为例[J].当代会计，2022(15)：34-36.

[19]刘珊珊.浅谈基层财政暂付性款项清理的建议[J].现代经济信息，2022(25)：65-67.

[20]范丽.国有企业财务管理由核算型向决策型转变解析[J].知识经济，2022(8)：74-76.

[21]李兰.管理会计与财务会计的融合研究[J].当代会计，2022(12)：31-33.

[22]刘杰琼.数字化背景下企业财务管理模式研究[J].财会学习，2022(31)：34-36.

[23]李四化.制造业企业财务内控中全面预算管理的实践运用探索[J].中国科技投资，2022(3)：78-80.

[24]孔贺.农业科研单位财务内部控制制度的作用与创新策略[J].中国农业会计，2023(2)：51-53.

[25]张嘉豪.政府单位双功能会计核算体系及财务报告体系研究[J].中国市场，2023(2)：148-150.

[26]王燕.业财融合视角下的企业全面预算管理研究[J].南北桥，2023(3)：46-48.

[27]孙建秀.交通集团企业财务共享服务中心构建探究——以山西交通控股集团为例[J].会计之友，2021(18)：32-37.

[28]李小民.行政事业单位的财务会计内部控制及预算——评《新编政府会

计——行政事业单位财务会计与预算会计》[J]. 财务与会计，2020(13)：1.

[29]王静，谢淑英，徐泉根，等. 电网企业投资计划与财务预算两全管理探索与实践[J]. 财务与会计，2020(7)：31-34.

[30]赵红卫. 新时代中国特色"综合会计报告"整合研究——兼谈财务与会计的语境纷争[J]. 会计之友，2022(13)：10-17.

[31]李建军. 公立医院现代经济管理体系的理论设计与探索[J]. 会计之友，2020(21)：2-8.

[32]杨洁. 新时期农业类高校全面预算绩效管理研究[J]. 核农学报，2022(8)：2.

[33]谢亚妮. 大数据时代皮革制造业财务管理创新路径研究[J]. 中国皮革，2022(9)：23-27.

[34]李永明，陈晶. 多重不利因素影响下的高校财务绩效管理创新路径研究[J]. 教育财会研究，2022(4)：89-95.

[35]裴求明. 混合所有制企业会计、财务管理创新——以某中外合资电力企业为例[J]. 新会计，2021(1)：32-35.

[36]武锡海. 行政事业单位预算和财政总预算会计衔接对策[J]. 财会学习，2021(13)：58-59.

[37]刘隽. 浅析企业财务管理对企业经济效益的影响[J]. 全国流通经济，2021(27)：41-43.

[38]刘跃华，郭涛，刘昭，等. 风险分担协议的理论基础及其在英国创新药准入中的应用[J]. 中国医疗保险，2021(3)：75-80.

[39]杜锦辉. 国有企业经济管理中财务预算管理的必要性研究[J]. 全国流通经济，2021(31)：37-39.

[40]金牧娜. 经济新常态下企业财务会计转型分析[J]. 知识经济，2021(13)：48-49.

[41]朱培培. 基层工会财务管理问题实践研究[J]. 现代经济信息，2021(35)：81-83.

[42]张晶晶. 新形势下事业单位财务管理创新思考[J]. 财讯，2021(29)：131-133.

[43]王春鸣. 探究新经济形势下的企业财务会计与管理会计融合发展[J]. 品

牌研究，2021(23)：231-233.

[44]吕刚.高水平研究型大学建设背景下财务保障创新路径探析[J].北京教育(高教版)，2021(11)：17-19.

[45]林占洁.企业预算资金与业务的融合[J].全国流通经济，2021(3)：72-74.